Trial & Error in
Criminal Justice Reform:
Learning from Failure

失败启示录
刑事司法改革的美国故事

〔美〕格雷格·伯曼 奥布里·福克斯 /著

何 挺 /译

北京大学出版社
PEKING UNIVERSITY PRESS

著作权合同登记号　图字:01-2016-8311

图书在版编目(CIP)数据

失败启示录:刑事司法改革的美国故事/(美)格雷格·伯曼(Greg Berman),奥布里·福克斯(Aubrey Fox)著;何挺译.—北京:北京大学出版社,2017.1

ISBN 978-7-301-27883-3

Ⅰ.①失… Ⅱ.①格… ②奥… ③何… Ⅲ.①刑事诉讼—司法制度—体制改革—研究—美国 Ⅳ.①D971.252

中国版本图书馆 CIP 数据核字(2016)第 304596 号

Trial & Error in Criminal Justice Reform, by Greg Berman & Aubrey Fox
© 2010. The Urban Institute Press.
Simplified Chinese Edition Copyright © 2016 by Peking University Press.
Published by Arrangement with the Original Publisher, The Urban Institute Press.

书　　　名	失败启示录——刑事司法改革的美国故事 SHIBAI QISHILU
著作责任者	〔美〕格雷格·伯曼　奥布里·福克斯　著 何　挺　译
责任编辑	孙战营
标准书号	ISBN 978-7-301-27883-3
出版发行	北京大学出版社
地　　址	北京市海淀区成府路 205 号　100871
网　　址	http://www.pup.cn
电子信箱	law@pup.pku.edu.cn
新浪微博	@北京大学出版社　@北大出版社法律图书
电　　话	邮购部 62752015　发行部 62750672 编辑部 62752027
印　刷　者	北京中科印刷有限公司
经　销　者	新华书店
	880 毫米×1230 毫米　A5　6.875 印张　148 千字 2017 年 1 月第 1 版　2021 年 6 月第 3 次印刷
定　　价	28.00 元

未经许可,不得以任何方式复制或抄袭本书之部分或全部内容。
版权所有,侵权必究
举报电话:010-62752024　电子信箱:fd@pup.pku.edu.cn
图书如有印装质量问题,请与出版部联系,电话:010-62756270

中文版序言

2010年我和奥布里·福克斯在美国出版本书时,我们清楚地认识到,本书的读者群体会比较有限。在当时,仅有很小圈子里的司法实践工作者和改革的拥护者会对刑事司法改革这一议题感兴趣,他们长期勤勉耕耘于这一领域,而其中大多数人又默默无闻。

这一状况在那以后发生了很大的变化,至少在美国如此。

在美国的很多城市里,我们已经看到刑事司法领域的问题引发了民间的动荡不安。一个质疑侵略性的警察执法和过度适用监禁的全国性运动已经显现。奥巴马总统也已经决定,在他的最后一个任期里,会将相当数量的政治能量投放到刑事司法领域,其中就包括一次高调造访联邦监狱——这是美国历史上第一次在任的总统访问联邦监狱——以及表示对修改联邦量刑法律的支持。

可以肯定地说,现在的美国,刑事司法改革已经成为一个急迫并已引起全国关注的热点议题。新闻媒体的社论主笔、政治家、基金会的项目执行官员和其他有影响力的声音已经开始提出一系列尖锐的问题:我们如何减少监禁的适用?有什么办法来解决刑事司法系统对于非洲裔和拉美裔年轻人的不当影响?在低收入社区和有色种族群体聚居的社区中,在重塑公众对于司法的信任方面我们能做点什么?如何才能在开展上述几项工作的同时,还能继续降低犯罪率并提升公众的安全感?

如何解决上面这些问题已经引发了热烈的讨论。但有一方面却尚未涉及,那就是刑事司法系统的现实状况本身无助于解决上述问题,因此需要显著的改变。在美国的政治光谱(political spectrum)上[*],已经有相当广泛的人达成了一致:刑事司法改革的时机已到。

现在这种状况会持续多久谁也说不准。考虑到社会发展迅猛和政治注意力往往瞬息万变,因此比较保险的看法是,改革的最佳时机可能会稍纵即逝。即使我们希望能通过设计新的改革方案,并推出新的创新措施来抓住眼前的改革良机,也需要我们回顾历史并从过去的错误中吸取教训,这一点同样关键。这就是我们写作本书的初衷。

我们写作本书主要是从美国读者的立场出发的,但我们也希望能同样对中国的读者有益。当然,中美两国

---

[*] 政治光谱,是指把不同的政治派别或政治主张放置在一个或多个几何坐标上,以对不同的政治立场进行对比或形象化的做法。——译者注

之间存在巨大的社会、文化和政治差异。但在与中国的司法实践者和学者的对话中,我们也已经发现了很多共同关心的话题。毕竟,如何促使刑事司法改革更好地开展并不仅仅是美国所面对的挑战。

本书希望能够为开展刑事司法改革的人提供经验教训,而这些经验教训并非基于学术理论,而是源于现实生活的实践。事实上,本书建立在一系列个案研究的基础之上。在每一章,我们都深入检视了一个美国刑事司法改革的项目,而在所有这些项目中,尽管行为正派、工作努力且能力卓越的改革者都为这些项目全力以赴,但最终都未能实现其希望达致的效果。

本书旨在从改革者以前所犯的错误中吸取教训,与此同时,也希望能帮助中国的读者了解当下美国刑事司法改革所争议的问题。自2010年本书在美国出版后,书中所探讨的一些刑事司法改革项目的发展状况更为引人关注。

例如,在本书第三章,我们分析了停火行动(Operation Ceasefire)留下的多样遗产,这是一项减少暴力犯罪的创新措施,并且在波士顿取得了令人瞩目的成效,直至项目不同成员之间的口水仗导致项目分崩离析。当停火行动项目终止后,项目的创始人之一大卫·肯尼迪已经成为全美国最有影响力的刑事司法思考者。在我们开始写作本书以来的这些年里,肯尼迪创立了一个新的组织(全国安全社区网络,National Network for Safe Communities),获得了美国联邦司法部的多笔资助,并支持几十个地方采用停火行动的模式(虽然使用了不同的名称并进行了一定的修改)。

有很多充分的理由支持美国联邦政府和地方政府选

择投资于肯尼迪的理念。由坎贝尔协同组织*资助的对相关的评估研究文献的综述研究发现,肯尼迪所主张的"集中威慑(focused deterrence)"已经使多个地点的犯罪状况显著改善。①

我们在本书中有关停火行动项目的探讨与坎贝尔协同组织的这项研究异曲同工。本书中的相关章节并不是对肯尼迪主张的模式的批判——事实上,我对肯尼迪的理念给予高度的评价。近年来,为了遏制枪支暴力犯罪,我所在的法院创新中心也在布鲁克林区的布朗斯维尔(Brownsville,Brooklyn)实践了肯尼迪模式中的一些基本要素。

本书中有关停火行动的章节实际上讲述了一个非常重要的故事:即使是面对最为迫切需要解决的犯罪问题,将刑事司法系统和社区团体组织到一起开展工作也是非常困难的。这同样凸显了刑事司法改革者所面对的一个关键问题:随着时间的推移,支持项目开展的很多事情都会逐渐瓦解。通过筹集资金和调动政治意愿以启动一个新的项目固然非常困难,但更具挑战性的可能却是在经年累月之后仍然能够继续维持项目运转良好。

这一经验教训同样适用于毒品法庭(drug court),本书第二章探讨了这一适用于毒品成瘾罪犯的监禁替代项

---

* 坎贝尔协同组织(Campbell Collaboration,亦译作"康拜尔")是一个研究者组成的国际合作网络,致力于通过系统评价研究来开展研究,其网站主页为 http://www.campbellcollaboration.org/。这一协同组织根据研究主题分为多个协作小组,其中"犯罪与司法协作小组(Crime and Justice Group)"致力于减少犯罪及提高司法的质量。在国内,人民出版社已经出版了一系列该小组的系统回顾研究报告。——译者注

① Braga, Anthony A. and David L Weisburd. 2012. "The Effects of 'Pulling Levers' Focused Deterrence Strategies on Crime." *Campbell Systematic Reviews* 6.

目。自2010年本书出版以来,有关毒品法庭的研究文献变得更具说服力。2012年进行的一项有关毒品法庭的元分析(meta-analysis)给出了直截了当的结论:"证据显示,适用于成年人案件的毒品法庭降低了再犯率。"①

由于此类可靠证据的存在——以及联邦政府给予的资助——毒品法庭得以持续繁荣发展。根据联邦司法部2014年的数据,在美国估计已经有超过3400个毒品法庭。近些年来,自由派政治家与保守派政治家也达成一致,均致力于在美国创设更多的毒品法庭,并扩大参与毒品法庭项目的被告人数量。

笼统来说,我本人也是毒品法庭模式的支持者——20年前,我所在的法院创新中心也帮助政府在布鲁克林区创设了纽约市第一个毒品法庭并持续为遍布全国的毒品法庭提供技术支持。但在本书中,我们却相当详细地描述了丹佛和明尼阿波利斯毒品法庭存在的问题。通过这样的分析,我们并非质疑毒品法庭这一模式,而是强调将毒品法庭背后的理念正确地付诸实践所面临的挑战。一个项目在一个地方取得成功,并不能确保其在所有地方都能成功。我们同样聚焦于刑事司法改革项目领导层的重要性。当毒品法庭的创始人和最重要的拥护者调任其他工作时,丹佛和明尼阿波利斯毒品法庭能否继续存活就与项目领导人的继任计划有莫大的关系了。

毒品法庭和停火行动的个案研究传递出了本书想要表达的最基本的信息:改变是很艰难的。即使你拥有充足的经费、美妙的想法、得力的人才以及政治上的支持,

---

① Mitchell, Ojmarh, David B. Wilson, Amy Eggers, and Doris L. MacKenzie. 2012. "Assessing the Effectiveness of Drug Courts on Recidivism: A Meta-analytic Review of Traditional and Non-traditional Drug Courts." *Journal of Criminal Justice* 40(1): 60—71.

改变仍然是很艰难的。当你缺乏上述一个或多个方面时，你所面临的阻力就会呈指数上升。

与过去相比，坦率地承认刑事司法系统改革的困难性显得更为重要。不仅在美国，而且在全世界，越来越多的人关注刑事司法系统如何运作。感谢这些关注刑事司法的人，正是在他们的"注视"之下，我们已经成功地诊断出广泛存在的问题，包括审前羁押的过度适用和很多社区里公众对司法信任度的下降。

类似这些长期存在的问题并不会轻松得到解决。在年复一年的刑事司法改革的过程中，改革者需要为此持续地投入时间、精力和经费。我们写作本书的目的正在于帮助改革者为这样的"持久战"做好准备。

我和本书另一作者奥布里·福克斯感谢北京大学出版社和美国城市研究所出版社（Urban Institute Press），正是他们的携手努力使本书中文版得以面世。我们也要感谢本书译者何挺博士，感谢他为翻译本书所付出的耐心、艰苦的劳动，当然还有他对于本书的欣赏。

格雷格·伯曼
2015 年 11 月 10 日于纽约

致谢

本书的写作历程最初可以追溯到2005年一个异常温暖的秋夜。来自美国联邦司法部司法协助局*（U. S. Department of Justice's Bureau of Justice Assistance）的多明戈·赫赖斯（Domingo Herraiz）和伊丽莎白·格里菲斯（Elizabeth Griffith），与来自法院创新中心（the Center for Court Innovation）的格雷格·伯曼和朱利叶斯·朗（Julius Lang），在地狱厨房（Hell's Kitchen）的一个希腊餐厅聚会。** 当时大部

---

* 美国司法部司法协助局并不从事通常意义上的国际刑事司法协助工作，其主要工作是资助有关刑事司法改革的示范项目，为各州开展司法改革提供指导，致力于提高刑事司法的公正与效力，推进实证研究与司法改革的结合。——译者注

** 地狱厨房是位于纽约市曼哈顿西侧的地名，通常被认为是曼哈顿岛上治安较差、犯罪较为多发的地区。——译者注

分的讨论都围绕着刑事司法制度的最佳实践这一主题,所有人都赞同,识别"行之有效"的项目并进行推广是非常重要的,但同时也都认为,刑事司法领域并不善于坦诚、客观地面对与"行之有效"截然相反的情况:一些项目由于种种原因未能实现其预设的目的。

在那个时候,我们并不知道,那次聚会上的讨论最终启动了一个新的研究计划。在过去的 7 年里,法院创新中心与美国联邦司法部司法协助局一起,一直在研究那些失败了的刑事司法领域的改革试点,并尝试为未来的刑事司法创新者发现和总结一些有益的经验教训。这项现在由法院创新中心的奥布里·福克斯(Aubrey Fox)所领导的调查研究,已经被证明成果非常显著。这很大程度上要归功于我们的合作伙伴——美国联邦司法部。为此,我们要感谢劳里·罗宾逊(Laurie Robinson)、吉姆·伯奇(Jim Burch)、德鲁·马洛伊(Drew Malloy)、贝琪·格里菲斯(Betsi Griffith)、金姆·诺里斯(Kim Norris)和普雷蒂·梅农(Preeti Menon),感谢他们的幽默和洞察力,以及他们在资助一个题目中就有"失败"这个"刺眼"的词语的项目时所具有的非凡勇气。

在尝试就"失败"这一主题写一本书的过程中,我们很幸运能为同样珍视思想探索和书面写作的法院创新中心工作。从创始主任约翰·费恩布拉特(John Feinblatt)开始,这两方面的重要价值已经深深地烙印于法院创新中心之上。约翰·费恩布拉特先生还帮助刺激我们产生对于刑事司法的兴趣,并砥砺我们思考如何在真实世界中做得更好。我们对此深表谢意。

我们同样还对纽约城市基金会(Fund for the City of New York)主席玛丽·麦考密克女士(Mary McCormick)深

表谢意,感谢她一如既往地帮助法院创新中心正常运转、她的友善以及提供给我们的睿智建议。同样的帮助还来自法院创新中心的核心机构合作伙伴:纽约州法院系统。特别感谢乔纳森·李普曼(Jonathan Lippman)、朱迪斯·S.凯耶(Judith S. Kaye)和安·普福(Ann Pfau)多年来对我们的信任。

法院创新中心的很多同事也在伦理、行政和智力方面对这一项目提供了支持。他们是迈克尔·伦佩尔(Michael Rempel)、阿曼达·西斯纳(Amanda Cissner)、莎伦·布莱恩特(Sharon Bryant)、卡罗尔·菲斯乐(Carol Fisler)、维罗妮卡·拉马丹(Veronica Ramadan)、艾米·莱维特(Amy Levitt)、朱利叶斯·朗、罗伯特·沃尔夫(Robert Wolf)、艾莉娜·沃格尔(Alina Vogel)、唐·法罗莱(Don Farole)、利伯蒂·奥德里奇(Liberty Aldrich)、瓦莱丽·雷恩(Valerie Raine)和艾米丽·戈尔德(Emily Gold)。特别感谢在本项目早期承担管理工作的亚当·曼斯基(Adam Mansky)、从英国政府借调与我们共事一年的菲尔·博文(Phil Bowen)以及在打磨文字和检验观点方面对我们助益良多的阿尔弗莱德·西格尔(Alfred Siegel)。

在本书写作与研究过程中,无论是经由文字还是口头,我们都受到了许多学者和司法工作者的有益启发,他们已经在推进关于刑事司法改革的坦率对话方面做了很多探索。他们包括琼·彼得斯拉(Joan Petersilia)、杰里米·特拉维斯(Jeremy Travis)、埃里克·莱恩(Eric Lane)、马尔科姆·菲利(Malcolm Feeley)、大卫·肯尼迪(David Kennedy)、李·肖尔(Lee Schorr)、迈克尔·雅各布森(Michael Jacobson)、托尼·汤普森(Tony Thompson)、卡罗尔·韦斯(Carol Weiss)、朱迪·哈里斯·克卢格（Judy Harris Kluger）、安妮·斯沃恩（Anne Swern）、明迪·塔罗（Mindy Tarlow）、乔尔·科伯曼（Joel Copperman）、罗宾·斯坦伯格（Robin Steinberg）、迈克尔·汤普森（Mike Thompson）、杰夫·马尔根（Geoff Mulgan）、蒂姆·穆雷（Tim Murray）、莉斯·格雷泽（Liz Glazer）、罗伯特·基廷（Robert Keating）、吉尔·克里考斯基（Gil Kerlikowske）、法兰克·哈特曼（Frank Hartmann）、赫尔曼·戈德斯坦（Herman Goldstein）、乔治·克林（George Kelling）、里克·罗森菲尔德（Rick Rosenfeld）、米歇尔·斯维里多夫（Michele Sviridoff）、迈克尔·斯考特（Michael Scott）、埃里克·李（Eric Lee）、赫伯·斯特兹（Herb Sturz）和罗恩·科比特（Ron Corbett）。

  我们还希望对所有在我们的个案研究中接受访谈的人表示感谢。当我们自己的研究成果发表在大众媒体和专业的学术出版物上后，我们对于处于不同立场上的不同理解感同身受。我们对于所给予我们的时间和访谈的机会无比感激，同时也努力遵守我们的承诺：在我们的文字中保持不偏不倚，并在我们的分析中保持敏感性。

  且不说在当前的出版环境中，即使是在出版环境最好的时期，寻找一个出版社来出版一本有关"失败"的书也绝非易事。在这一过程中，我们得到了加利福尼亚大学伯克利分校法学院的马尔科姆·菲利、牛津大学出版社的尼可·方德（Niko Pfund）和约翰·杰刑事司法学院（John Jay College）的坎迪斯·麦考伊（Candace McCoy）的帮助和支持。同样感谢大卫·申克（David Shenk）、伊丽莎白·施里夫（Elizabeth Shreve）和安迪·普斯曼（Andy Postman）帮助我们学习出版方面的"游戏规则"。我们很高兴最终能在城市研究所出版社(The Urban Institute Press)出版本书,并得到凯思琳·考瑞尔(Kathleen Courrier)、斯科特·福里(Scott Forrey)以及他们团队中其他成员的有力支持。

最后,我们还要感谢我们的家人,我们在完成白天日常工作的同时写作一本书时遭遇了各种的跌宕起伏,而家人的支持是我们得以完成此项工作的最主要动力。

格雷格·伯曼想要感谢卡洛琳·维兰加·伯曼(Carolyn Vellenga Berman),她长久以来都善于运用技巧、保持求知欲和形成新的思路;感谢米利·伯曼(Milly Berman)和汉娜·伯曼(Hannah Berman),他们作为作家的才华和创造性是写作灵感的不竭源泉;感谢 M.J.伯曼、艾伦·伯曼(Allan Berman)和米歇尔·伯曼(Michele Berman),他们现身说法地为我展现了完成任何一项重要任务所必需的勇气和决心。

奥布里·福克斯想把本书献给罗宾·伯格(Robin Berg)以感谢她的爱、支持和好脾气(当然还有编辑技巧),以及罗伯特·福克斯(Robert Fox)和安妮塔·斯佩林(Anita Sperling)以感谢他们从小就培养他对阅读和写作的热爱。

目录
Contents

引论 / 001

第一章 失败的四种类型 / 016

第二章 成功中的失败 / 039

第三章 停火行动的多样遗产 / 068

第四章 十亿美元的失败：假释与加利福尼亚的改革斗争 / 095

第五章 超越简单解决方案：掌握康涅狄格州惨案中的政治因素 / 125

第六章 给失败下个定义 / 153

结论 / 182

译后记 / 198

引论

> 人们总是渴望展示(他们)经过努力后的成功,而羞于公布他们的失败。人类会毁于这种遮掩错误与失败的片面做法。①
>
> ——亚拉伯罕·林肯

命名一个社会问题的好办法可能是写一本如何解决这一问题的书。如果对如何改进每况愈下的学校教育质量感兴趣,可以翻阅温迪·科普(Wendy Kopp)于2003年出版的著作:《有一

---

① Burlingame, Michael. 2008. *Abraham Lincoln: A Life*. Baltimore, MD: Johns Hopkins University Press, p. 358.

天,所有的孩子:美丽美国的胜利和我一路上学到的》(*One Day*, *All Children*: *The Unlikely Triumph of Teach for America and What I Learned along the Way*);如果对根除贫困有兴趣,可以翻阅穆罕默德·尤努斯(Muhammad Yunus)于1999年出版的著作:《穷人的银行家:小额担保贷款和与世界贫困的斗争》(*Banker to the Poor*: *Micro-Lending and the Battle against World Poverty*);如果对在拯救地球的同时创造更多工作岗位感兴趣,可以查阅范·琼斯(Van Jones)于2008年出版的著作:《绿领经济:两个最大问题的一个解决方案》(*The Green Collar Economy*: *How One Solution Can Fix Our Two Biggest Problems*)。我们可以继续举例,但你应该已经明白了这种情况。一般而言,公共政策领域总是充斥着各种有关"最佳实践"和"循证项目"(evidence-based programs)——保证成功的模范理念与方案的书籍。①

事实上,这个世界可能并不需要另一本推销成功的书。但是关于失败,则完全是两回事。在公共事务领域,失败是一个典型的只能在私下里低声讨论的事情。在奥巴马总统开启一个"负责任的新时代"的努力中,他在自己所犯错误上的坦率让我们耳目一新。但在公共政策领域,这仍然属于例外而非规则,当然,对于失败的恐惧是人类与生俱来的天性之一。而且经验告诉我们,当失败可能危及职业生涯、名誉和财富时,人类自我保护的本能会过度反应。当风险越高时,你越不喜欢听到"失败"二字。

---

① 我们无意贬损这些书的价值。事实上,我们还帮助撰写了一本兜售新想法的书——《优质法院:问题解决型司法》(*Good Courts*: *The Case for Problem-Solving Justice*)。

但是,如果我们无法谈论失败就会导致一些无法回避的后果,最明显的就是会营造一种扼杀创新的氛围。如果没有尝试新的想法且失败亦在所不惜的意愿,根本无法想象我们如何才能去挑战那些传统的观点,或者去解决我们所面临的最棘手的社会问题。

可惜的是,刑事司法领域在认识和利用试错的价值方面进展尤为缓慢。在其他学科,尤其是在大部分的科学和医学领域,解决问题被视为一种迭代过程(iterative process)。① 托马斯·爱迪生(Thomas Edison)曾有一句古老的名言描述了科学方法的重要性:"我并没有失败5000次。我成功地发现了5000种无效的方法并且我不需要再尝试这些方法了。"最近,礼来制药厂(Eli Lilly)和药厂的首席科学官则因举办"失败派对"(failure parties)而闻名,"失败派对"是为了向杰出的科学研究致谢,即使这些研究最终失败而未能给药厂研发出新的药品。②

毋庸置疑,刑事司法领域并没有什么"失败派对"。

---

① 虽然刑事司法有许多方面需要借鉴医学等学科,但同样也有很好的理由来解释为什么更为科学的研究方法不能盛行于刑事司法领域,包括在组织、伦理以及经费方面都存在不利于开展一般的随机分配实验(randomized trials)的障碍。

② 1974年,社会学家罗伯特·马丁森(Robert Martinson)和其他几位作者共同发表了一项对多个回归社会项目评估的元分析(meta-analysis)成果。马丁森还以此为题撰写了一篇被广泛阅读的文章,发表于《公共利益》(*The Public Interest*)期刊。这篇文章的结论是,并没有明确的证据显示这些回归社会的项目对重新犯罪率产生了影响。虽然很多学者随后对这一研究结论进行驳斥,但对于改变犯罪者的行为"没有任何作用"(nothing works)的观点产生了持续性的影响,并有助于对回归社会这一理念提出质疑。参见 Martinson, Robert. 1974. "What Works? Questions and Answers about Prison Reform." *The Public Interest* 35 (Spring): 22—54. 与之类似,20世纪70年代和80年代所爆发的城市问题导致很多人得出这样的结论,像纽约这样的美国城市是"无法治理的"(ungovernable)。参见 Cannato, Vincent. 2001. *The Ungovernable City: John Lindsay and his struggle to save New York*. New York: Basic Books.

刑事司法官员很少有机会"体验"试错的过程(a trial-and-error process),这一方面是由于失败的结果会迅速浮现(例如相关人员可能会死亡),另一方面也因为围绕刑事司法相关问题的媒体和政治环境不允许他们试错(例如刑事司法官员会因此被解雇)。很多刑事司法机关恪守"管好自己的事情"这一宗旨也并不奇怪。威斯康辛大学(University of Wisconsin)法学院的警务专家迈克尔·斯科特(Michael Scott)教授如此形容这一问题:"警察局局长很少会这样说,'我们有一个不错的想法但没发挥作用,我们打算重新开始用不同的方法去尝试'。这是一个研究人员自然而然的想法,但警察局局长通常并不认为他们有这样的活动空间。"①

说句公道话,认为在刑事司法体系中不存在任何关于失败的讨论是有失偏颇的。事实上,刑事司法体系本身就内置了一些处理特定种类失败的机制。其中最显而易见的就是市民投诉审查委员会(civilian complaint review boards)和上诉审查程序(appellate review process)。在一定程度上由于这些机构与机制的存在,公众对于刑事司法系统存在缺陷的讨论倾向于集中在诸如警察的不当行为和死刑等热点问题之上。虽然这些问题在道德和哲学层面都非常重要,但关注这些问题的人很少,这些问题对于公共安全也仅产生了很有限的影响,对于政策制定者和未来的创新者来说,也极少能够提供有意义的经验教训。

刑事司法体系并不善于从过去吸取教训。事实上,美国刑事司法的历史可以被解读为一种摇摆不定的状态,因为在刑事政策从严惩(punitiveness)转变为宽大

---

① 2008年5月14日对迈克尔·斯科特的访谈。

(leniency)并再次回归严惩的这一过程中,政策制定者并未驻足思考一下,当初他们为什么选择这一方向而不是另一个方向。由于刑事司法政策制定者不愿公开谈论失败,致使这种状况愈演愈烈。这种状况还妨碍了公众谈论这个国家的犯罪状况和新想法的产生。更严重的是,这还使我们无力解决诸如低收入社区中的慢性犯罪(chronic offending)*、对于监禁刑的过度依赖、审前羁押滥用、假释犯重新犯罪率过高等问题。除非刑事司法的政策制定者和实践者有充足的时间、空间和动力从他们的前任那里吸取教训或分析他们自己存在的问题,否则刑事司法领域将永远被失败的阴影所困扰,正如乔治·桑塔亚那(Georges Satayana)的格言所说的那样:"那些不能铭记过去的人注定要重蹈覆辙。"

因此,我们选择撰写本书来讨论刑事司法领域中的失败以摆脱这一宿命。我们的目标是鼓励刑事司法领域开展更为直接的对话,这种对话承认刑事司法领域中的许多创新措施都失败了,也承认没有人能确定无疑地知道如何来减少犯罪。对于我们而言,这并不是悲观怀疑的源头,而是一种行动的呼吁。通过公开地讨论甚至"庆祝"失败,我们寄望于培养一种氛围:在严格反思的基础上发展与实施新想法和创新措施。

需要说明的是,当我们使用"失败"这个词时并不是指因能力不足或贪腐所致使的错误——例如一位法官对一项关键的不具有可采性的证据作出了错误的裁判,或

---

* 慢性犯罪源于慢性犯罪人的概念,一般指的是持续犯罪的人。实证研究发现,占全部犯罪人数量很小一部分的慢性犯罪人(被逮捕5次或5次以上)却实施了大部分犯罪,而且慢性犯罪人实施的犯罪多为严重的犯罪。另外,逮捕和审判经历对慢性犯罪人影响很小,处罚更有可能促使其再次犯罪。——译者注

者一位警察收受当地毒贩的贿赂。我们也不关注社会层面的失败——贫穷、种族主义和美国家庭的破裂——虽然这些问题也时常与刑事司法体系缠绕在一起。

相反,本书致力于考察那些精心筹划但却由于种种原因未能实现预期目标的各种努力和尝试。这些尝试包括备受关注的全国性的项目,例如抵制滥用毒品教育项目(Drug Abuse Resistance Education),这一项目派遣了数以千计的警察到当地的学校为学生提供毒品方面的教育,但却未能在未成年人毒品滥用上取得有效的进展。我们同样关注相对较少人知道的地区性的创新措施,例如圣路易斯市(St. Louis)警察局所实施的一个旨在减少枪支犯罪但最后被认为存有缺陷的创新项目:为了查获枪支,如果父母或其他监护人因为担心孩子可能私藏了枪支而允许警察入室搜查,那么作为允许入室搜查的回报,警察则承诺不会以他们入室搜查后的发现实施任何逮捕措施。

我们还有意考察了若干被广泛认为取得成功的创新项目,包括毒品法庭和停火行动。前者是将毒品成瘾的犯罪者与戒毒治疗联系在一起以替代监禁;后者则是在特定的管辖区域内实施的一种策略:将更为清晰的威慑信息传递给对暴力行为负最主要责任的人员。虽然毒品法庭和停火行动在许多地方取得了傲人的成绩,但在一些地方却难以取得成功。我们寻找夹杂在成功中的失败,意在暗示成功与失败之间的界限并不如想象地那么清晰。

通过本书,我们总结了这项为期三年的研究——对之前失败的刑事司法试点开展研究——的成果。这项研究获得美国联邦司法部司法协助局的支持,具体的研究活动包括文献分析、圆桌讨论、对创新项目的实地观察以及对几十名这一领域著名的实务工作者与学者的访谈。

我们自己的工作经验也支持我们开展这项研究。在过去的十年里,我们任职于法院创新中心,这是一个致力于减少犯罪、帮助被害人和提升公众对于司法的信任度的非营利机构。法院创新中心已经获得了许多全国性的奖项,这些奖项来自于德鲁克研究院(Drucker Institute)、美国律师协会(American Bar Association)、全国刑事司法协会(National Criminal Justice Association)、全国法院管理协会(National Association for Court Management)、福特基金会(Ford Foundation)以及哈佛大学肯尼迪政府学院(Harvard University's John F. Kennedy School of Government)。

法院创新中心在成功地构思、策划和执行示范项目方面尤其享有盛誉,这些示范项目致力于提升司法系统在解决吸毒成瘾、精神疾病、家庭暴力等问题方面的活力。在这些"问题解决型法庭"(problem-solving courts)中,本书的两位作者担任了其中两个项目的主要策划人:雷德·霍克社区司法中心(Red Hook Community Justice Center)和布朗克斯社区解决项目(Bronx Community Solutions)。

雷德·霍克社区司法中心是一个坐落于纽约市布鲁克林区的社区法庭(community court),其所在的社区长期以来因为毒品、犯罪和混乱而声名狼藉。为了应对这一情况,法院创新中心、纽约州统一法院系统(New York State Unified Court System)、纽约市、金斯郡地区检察官办公室(Kings County District Attorney's Office)及其他合作机构共同于该社区设立司法中心,目的在于减少该社区公众的恐惧和提升公共安全。

雷德·霍克社区司法中心选址于一所已经被废弃数十年后又被翻新的天主教学校，设立了一个由亚历克斯·卡拉布雷塞法官（Alex Calabrese）主持的处理多种案件的法庭。这个法庭处理轻微刑事案件、房屋租赁纠纷和少年越轨案件（juvenile delinquency cases）。任何时候只要可能，司法中心都试图将被告人和诉讼当事人与社会服务联系起来，包括戒除毒瘾治疗、工作技能培训和心理健康咨询等，目的在于帮助他们避免再次涉嫌犯罪而回到法院再次受审。与此同时，司法中心还启动了一系列犯罪预防与社区参与的创新措施，包括但不限于少年法庭（youth court）*、青少年棒球联赛（youth baseball league）、警察与未成年人的戏剧工作坊（police-teen theater workshop）和一个归属于美国志愿队（AmeriCorps）的社区服务项目**。

雷德·霍克社区司法中心所提供的新的司法方法促使这个曾经死气沉沉的社区发生了转变。犯罪减少了，对于社区的投资增加了，而且研究者还记录下了居民对于政府态度的改善。

2005年，我们将在雷德·霍克社区司法中心试点的一些理念经过适当调整后运用到了纽约市布朗克斯社区。与之前在雷德·霍克仅由一名法官在单一的社区开展工作不同，在布朗克斯这个有140万人口的地区，我们将问题解决型司法扩展适用于48位审理轻微刑事案件

---

* 少年法庭并非指审理未成年人案件的法庭，而是让青少年作为陪审员、法官和代理人来审理他们的同龄人涉嫌的真实的轻微案件。这种少年法庭的目的在于运用积极的同伴压力来使实施了轻微违法行为的未成年人学习如何承担责任和修补对社区造成的损害。——译者注

** 美国志愿队是美国的一个全国性的志愿者服务项目。——译者注

的法官,并在量刑方面给予他们与卡拉布雷塞法官在雷德·霍克社区审理案件时相同的权限:可以选择更多的与社区相关的刑罚执行方式。

我们在布朗克斯社区开展这一项目只有一个目的:使司法在轻微案件中更有意义。虽然这一实验开展的时间还不长,但已经呈现出鼓舞人心的效果。项目已经改变了布朗克斯社区的量刑实践——在成千上万的案件中,社区恢复(community restitution)措施与社会服务已经取代了短期监禁刑的适用。通过每年向布朗克斯社区提供数万小时的社区服务,要求轻微案件的犯罪人清扫马路、清除涂鸦和清洁本地的公园,布朗克斯社区解决项目还赢得了社区的有力支持。

雷德·霍克社区司法中心和布朗克斯社区解决项目都被赞誉为全国性的示范项目。每一年都有数以百计的来自全国和世界各地的刑事司法官员前往参观。在其他州(新泽西州和康涅狄格州)和其他国家(加拿大、澳大利亚和英格兰)都有通过复制这两个项目而开展的项目。

虽然所受到的关注令人喜悦,但我们清楚地知道雷德·霍克社区司法中心和布朗克斯社区解决项目所取得的每一个成功都源自试错的过程,这一艰辛的试错过程不可避免地失望满途。我们曾经设计过并不招人喜欢而最终放弃使用的技术应用、找不到合适导师的培训项目和根本不能长时间维持的反暴力创新措施……这个失败的清单可以列得很长很长……

在反思我们和其他人的失败的过程中,四个基本的命题一次又一次闪现于我们的脑海之中,正是这些命题使本书得以形成。

1. 不是所有的失败都相同。失败通常是一个由特定的时间、特定的地点和特定的人员共同作用下的复杂化学反应的产物。虽然每个失败都有其独特之处,但也可以将失败分为四个不同的类别。前两类相对更直观一些:概念上的失败(failure of concept,也可以称为糟糕的想法)和实施上的失败(failure of implementation,也可以称为糟糕的执行)。有的时候,改革者犯了错误:从根本上错误地理解了他们想要解决的问题的本质,或者对改革措施的实施过程缺乏足够的关注。另外两类失败则更具隐蔽性:营销上的失败(failure of marketing)和自我反思上的失败(failure of self-reflection)。这两种实际上是同一事物的两个方面。一个方面,改革者如果不能在政治方面处理得当或不能为实施新想法赢得必要的支持,他们的创新之路不可能走得太远。另一方面,一些改革者过于关注如何获得支持,以至于不能准确评价自身的弱点或者不能在现实状况发生变化时迅速回应。在第一章中,我们将以上面提及的圣路易斯市开展的"同意搜查"项目(Consent to Search program)为例,重点分析刑事司法试点失败的各种路径。

2. 失败很少是非黑即白的。 虽然新闻媒体和政治家们需要的是有关最终结果的答案(这个项目到底有没有作用?),但事实通常更为微妙:一些创新措施有些时候对部分人产生了作用。而且,对成功与失败的界定还常常取决于不同的立场和不同的价值取向。在刑事司法这一主要参与人的立场与价值取向常常互相冲突的领域,这一点表现得尤为明显。对于这一问题,俄勒冈州波特兰市(Portland)选举产生的检察官迈克尔·施伦克(Michael Schrunk)给出了如下的例子:"如果审前服务(pretrial services)使更多的人不被审前羁押,这可能被视为一种成功,但当地的警察和检察官可能并不认为这符合他们的利益……让所有利害相关的人都赞同某一项特定的措施是非常困难的,因为很多情况下他们总会用'如果你赢了,我就输了'的思维来思考问题。"① 在本书的最后一章,我们将运用更多的细节来透视有关抵制滥用毒品教育项目的争议,并以此来探讨界定失败方面的难点。

3. 政治因素会对所有改革的成功或失败产生巨大的影响。任何创新措施都或多或少需要政府的支持或认可,所以刑事司法改革者必须时时应对各种政治现实,包括如何面对民选官员和高级政府官员。以某种方法将改革的创新措施描述为通常不受政府决策的政治因素影响的事情是很有吸引力的,尤其是对于"善政"(good government)模式来说。但事实上,这样做后患无穷。同样真实的是,为了获得政治上的支持与资助,改革者常常认为有必要夸大他们工作的潜在影响。按照犯罪学家琼·彼得斯拉的说法,涉及刑事司法改革时,"言过其实有悠久的历史":

> 在我们超过 100 年的刑事司法改革历史上,根本不存在我们知晓如何将重新犯罪率降低超过 15 个或 20 个百分点的情况。即使为了实现这个不高的目标,你也必须把一切准备好:合适的工作人员、开展合适的项目、选择犯罪者生命中的适当时间并在一个支持你的社区环境中。我们应当对此更为诚实,我的感觉是我们还没有公开这一点,因为我们认为这么一个不高的目标是无法赢得公众支持的。②

---

① Berman, Greg, ed. 2008. "Learning from Failure: A Roundtable on Criminal Justice Innovation." *Journal of Court Innovation* 1(1): 97—121.

② Berman, Greg, and Aubrey Fox. 2008. "Embracing Failure: Lessons for Court Managers." *The Court Manager* 23(4): 24.

彼得斯拉描述了一个改革者常常不知不觉就会反复掉进去的失败陷阱。不幸的是，失败通常是一个不可避免的事实问题。如果改革者期望过高的话，即使设计和实施方面都做到最佳的创新措施也会被视为失败。政治因素的重要性贯穿于本书的始终，在我们考察毒品法庭在明尼阿波利斯市（Minneapolis）和丹佛市（Denver）曲折多变的历史，以及讲述康涅狄格州的官员面对近年来最令人震惊的犯罪之一，在已经引起公愤的情况下如何抵制"三振出局"（three strikes and you're out）法案的动人故事时，政治的重要性更是彻底显露。

4. 实施与理念同样重要。将理念转化为具体的项目绝非易事。真相是，大部分新的政策创新措施都失败了，就像大部分的新型商业也都失败了一样。最常见的障碍是环境所带来的挑战：在洛杉矶行之有效的创新措施可能在芝加哥就不奏效，更不用说在路易斯安那州的一个农村地区了。

就像哈佛大学利斯贝思·肖尔（Lisbeth Schorr）教授所说的："环境最像是创新措施的破坏者。如果认为把一个很棒的项目移植到一个新的地方，新的环境不会毁灭这个项目的话，那就大错特错了。"[①]或者就像歌手比利·布拉格所唱的："你可以借用理念，但你不能借用情境。"[②]本书其中一章谈到了停火行动项目试图复制和延续其于20世纪90年代在波士顿取得的成功，就是对这一方面的展示。改革者还必须明白获得一线工作人员

---

① Berman, Greg, and Aubrey Fox. 2002. "Going to Scale: A Conversation about the Future of Drug Courts." *Court Review* 39(3): 7.

② 参见比利·布拉格 *Don't Try This at Home* 专辑中的歌曲"North Sea Bubble"的歌词。

(警察、法官、检察官和假释官)的支持的重要性。在与政府高层的政治精英的竞争中胜出固然很艰难,但最重要的政策决定时常由底层的"街头官僚"(street-level bureaucrats)作出。① 我们在对加利福尼亚州假释改革的考察强调了这一经验教训。

在选择我们所要研究的失败的案例时,我们的目的既不是归咎于某一方面,也不是进行类似于马后炮式的批评——事实上,在研究之后,我们对那些有勇气去改变庞大而复杂的刑事司法体系的人怀有全新的敬意。我们的目的同样不是传递"改变不可行"这样的信息。正好相反,我们致力于培育刑事司法方面的创新:通过承认失败这一事实虽然不那么令人满意,但却经常不可避免,以及在对其进行了适当的分析并将其视为可供学习的经验教训后,失败甚至是可以接受的。当我们希望在将来继续改进刑事司法体系时,即使是未能实现预期目标的创新措施也能提供有价值的信息和指引。

虽然本书的主题是失败,但值得注意的是,我们生活在美国刑事司法体系取得卓越成就的年代。在这一时期中,犯罪数量历史性地下降使得公众感到更为安全、被害减少并使公共安全不再是公众议题中的热门话题。为了解释过去 20 年里犯罪数量下降的原因,为数不少的理论得以发展。有的理论关注大趋势方面的变化,诸如出生率的变化、直至最近都增长发展的经济、可卡因的衰落甚至流产率上的波动。另一些理论则指向分散的刑事司法创新,例如毒品法庭、量刑改革、情报制导警务战略(Comp Stat)中的犯罪地图绘制(crime mapping)与管理

---

① Lipsky, Michael. 1980. *Street-Level Bureaucracy: Dilemmas of the Individual in Public Services*. New York: Russell Sage Foundation.

系统、以社区和问题为导向的警务等。无论倾向于哪一种解释,我们都可以肯定地说,刑事司法领域已经远非之前"没有任何作用"(nothing works)和"无法治理的城市"(ungovernable cities)的年代了。

  虽然有很多成绩值得骄傲,但还有更多的事情需要去做。尽管过去的 20 年里有关刑事司法的知识和实践都取得了长足的进步,但美国刑事司法机关依旧面临着诸如黑社会犯罪、枪支犯罪和家庭暴力等问题需要解决。即使在一些案件中适用以社区为基础的替代措施更为省钱且有效,刑事司法体系仍然将监禁作为默认和首选的手段。大约有 2/3 的犯罪者在离开监狱后的 3 年内重新实施了新的犯罪。由于资源不足,缓刑官或假释官常常被要求同时对几十个罪犯进行监管,因此对缓刑和假释的监管常常徒具其名。需要解决的问题真的并不少。

  除非刑事司法官员愿意尝试新的做法并甘冒失败的风险,我们不可能在这些问题上取得些许进展。正如我们将在毒品法庭那一章再次提及的明尼苏达州亨内平郡(Hennepin County)的法官凯文·伯克(Kevin Burke)所谈到的:"我们必须与惯于选择传统方法来解决问题的倾向作斗争。刑事司法中更为常见的失败,正是不愿意尝试不同的做法。"[1]

  在迈克尔·乔丹(Michael Jordan)职业生涯的巅峰时期,耐克公司所制作的一个广告可能最好地传达了始终如一、坚持不懈地勇于承担失败风险的必要性。在这个广告里,乔丹说:"在我的职业生涯中,我曾经 9000 多次投篮不中,也曾经输掉近 300 场比赛,有 26 次我被认

---

[1] Berman, Greg, and Aubrey Fox. 2008. "Embracing Failure: Lessons for Court Managers." *The Court Manager* 23(4): 21.

为能够投中压哨的制胜球,但最后却没有投中。在我的生活中,我不停不停地失败。这就是我为什么成功的原因。"①

写作本书时,我们希望能鼓励刑事司法改革者勇于一次又一次地失败,因为这样他们最终将取得成功。

---

① 这一广告可以在 Youtube 上观看。网址为:http://www.youtube.com/watch? v=m-EMOb3ATJ0.

第一章
失败的四种类型

一切都源于1993年在一次社区会议中由一位沮丧的母亲提出来的建议。当时,圣路易斯市正经历着枪支犯罪的高发期,数以百计的青年男女死于枪击。这位沮丧的母亲想要知道,为什么警察就不能去搜查一下附近那处她认为有青少年藏匿了枪械的住宅。当她被告知,原因在于法律上申请一个搜查令的理由并不充分时,她坦率地回答:"那你们警察为什么不去敲敲门,并问一下房子里的妈妈是否同意让你们进去搜查呢?"

约瑟夫·理查德森(Joseph Richardson)队长被这位妈妈的质疑触动了。毕竟,有了父母的同意,警察的搜查就会建立在牢固的法律基础之上。"难道我们不能去询问家长能否进行搜查？我想不到能够支持这一点的任何合乎逻辑的理由。"理查德森说。

就在那个时候，一项旨在使青少年摆脱枪械的创新性项目诞生了，并由一小群警官和研究人员孕育成型。这个项目的概念很简单：在犯罪高发的地区，为了发现枪械，警察将询问青少年的父母能否对他们的房子进行搜查。为了鼓励父母同意进行搜查，警方承诺不会因为在房子里发现的非法持有的物品，包括枪支、毒品以及失窃的赃物而采取任何逮捕措施。* 通过牺牲实施逮捕的权力来换取街头枪支的减少并非一种常规的策略，但这种策略在暴力犯罪泛滥的圣路易斯市似乎值得一试。

这个后来被称之为圣路易斯市"同意搜查"项目的创新措施闪亮登场了。在这个项目最初的 18 个月里，积极主动并履行承诺的警官搜获了数以百计的枪支。如此耀眼的成果获得了全国的关注，比尔·克林顿（Bill Clinton）总统甚至在每周例行的广播讲话中提到了这个项目。但不幸的是，1999 年，仅仅在短短 6 年之后，这个项目实际上就终结了。

同样不幸的是，圣路易斯市发生的事情并不罕见。在刑事司法领域，就像在公共政策的其他领域，项目的失败是很常见的。这是只有极少数政策制定者或官员才敢于承认的肮脏的小秘密。真相是，很多社会领域的创新注定失败，并不是因为具体实施者的无能或贪腐（虽然无能或贪腐真的存在），而是因为真正有价值的改变是极其

---

* 本书将"arrest"翻译为逮捕，系短时间剥夺人身自由的强制措施，不同于中国刑事诉讼强制措施中的逮捕系较长时间剥夺人身自由的措施，下同。——译者注

难以实现的。

圣路易斯市"同意搜查"项目有别于其他失败项目的是，两位来自密苏里大学圣路易斯分校（University of St. Louis-Missouri）的犯罪学家——理查德·罗森菲尔德（Richard Rosenfeld）和斯科特·德克尔（Scott Decker）——对这个项目进行了深刻的反思，并为美国国家司法研究所（National Institute of Justice）详细记录了项目断续进行的整个过程。换句话说，圣路易斯市"同意搜查"项目并没有消失得无影无踪，而是给我们留下了可供解读和吸取经验教训的线索。①

一个新的想法

与很多政策上的创新一样，"同意搜查"项目的故事肇端于一种危机。在 20 世纪 90 年代早期，圣路易斯市的谋杀率接近万分之七（即 100 000 人中有 70 人被谋杀），这一比率在全国位列前五名。当时美国全国的谋杀率为万分之零点八（即 100 000 人中有 8 人被谋杀）。而具体到 15—19 周岁的黑人，圣路易斯市的谋杀率则高达万分之三十八（即 100 000 人中有 380 人被谋杀）。更令

---

① 本章中相关内容主要基于受聘于联邦司法部的上述两位犯罪学家所撰写的研究报告。参见 Decker, Scott H., and Richard Rosenfeld. 2001. "From Problem Solving to Crime Suppression to Community Mobilization: An Evaluation of the St. Louis Consent-to-Search Program." NIJ Report NCJ 188291. Washington, DC: National Institute of Justice. http://www.ojp.gov/pdffiles1/nij/grants/188291.pdf; Decker, Scott H., and Richard Rosenfeld. 2004. "Reducing Gun Violence: The St. Louis Consent-to-Search Program." NIJ Reducing Gun Violence Series Research Report NCJ 191332. Washington, DC: National Institute of Justice. http://www.ojp.gov/pdffiles1/nij/191332.htm.

人震惊的是,圣路易斯市 20—24 岁黑人的谋杀率竟达到万分之六十(即 100 000 人中有 600 人被谋杀)。谋杀案中有 98% 的被害人死于枪击。

当时,圣路易斯市全城戒备。当地的报纸每日刊登死亡人数的统计。许多教堂宣布开展"零谋杀月"(murder-free month)活动。尽管多方努力,但谋杀的数量仍持续上升。

看上去好像没有什么措施能够遏制枪支犯罪井喷的趋势。在圣路易斯市首先采取的预防措施中,其中一项是花费巨大的"枪支回购"项目,并于 1991 年内回购了 7500 支枪械。一项后续的评估研究发现,回购枪支作为一种打击犯罪的方法几乎是毫无成效的。在回购来的枪支中,极少来自那些每天在圣路易斯市街头互相射杀而处于危险之中的年轻人。但问题远不止于此。在拿手里的枪换钱的年轻人中,占很大比例的人告诉研究者,他们计划用换来的钱去买更好的枪。[①] 很明显,枪支回购措施不能解决圣路易斯市的问题。

虽然圣路易斯市刑事司法系统的所有人都承受着减少枪支暴力犯罪的巨大压力,但警察机构承受的压力无疑更大。在圣路易斯市警察局内部,机动后备队(Mobile Reserve Unit)因为集中了这个城市里最坚毅的警官们而著称。机动后备队的基地在距离警察局总部几英里以外的一个外表普通的货仓。与其他警察只能在单一辖区界限范围内执法不同,机动后备队可以应对圣路易斯市任何地方发生的犯罪。

机动后备队培育了"同意搜查"项目,西蒙·里斯克

---

① Plotkin, Martha R., ed. 1996. *Under Fire: Gun Buy Backs, Exchanges, and Amnesty Programs*. Police Executive Research Forum.

(Simon Risk)警长(Sergeant)则是领导者。里斯克能说会道,并天生能使人感觉轻松。"他不是一个典型的警察,"里斯克的同事鲍勃·海恩伯格(Bob Heimberger)警长如此描述,"西蒙能让任何人感觉很舒坦"。① 这个想法——礼貌地敲开他们通常应该用破门槌砸开的门——虽然可能会被其他警察嘲笑,但里斯克却勇于去尝试。

美国联邦最高法院赋予法律执行官员很大的权限,可以在获得父母同意的情况下搜查未成年人的财物,但前提是父母的同意是自愿作出的。为了强调"同意搜查"项目的自愿属性,里斯克制作了一份"同意搜查与扣押"的文书,以供警察在开展搜查前由未成年人的父母仔细阅读并签名。除了其他内容以外,这份文书特别说明,发现任何非法物品都不会采取逮捕措施,即使这些物品会被扣押,例如枪支和毒品。可能更重要的是,参与这一项目的警官们因此创造出一种和未成年人父母打交道时更为低调的工作方式。正如一位警官所言:"我们并不像纳粹突击队(storm troopers)一样进行搜查。我们知道这样的做法可能会遭到类似于美国公民自由协会(American Civil Liberties Union,ACLU)这样的组织的质疑,所以我们要防止被投诉。使用一种温和的工作方式是这个项目奏效的原因。我们不会威胁任何人。"② 这种工作方式的成效立竿见影:正如他们所希望的那样,"同意搜查"项目遭到公民自由主义者(civil libertarians)的批判极少。

---

① 2008年5月29日对鲍勃·海恩伯格的访谈。

② Decker, Scott H., and Richard Rosenfeld. 2001. "From Problem Solving to Crime Suppression to Community Mobilization: An Evaluation of the St. Louis Consent-to-Search Program." NIJ Report NCJ 188291. Washington, DC: National Institute of Justice. http://www.ojp.gov/pdf-files1/nij/grants/188291.pdf, p.7.

里斯克的造访从之前曾因非法持有枪支而被逮捕的年轻人的家开始。通过精挑细选,项目工作小组的成员得以招募组成。作为工作小组的一部分,里斯克和另外一位警官来到一所房子,敲门,解释他们担忧这座城市里因枪击导致的伤亡人数,并请求家中的成年人允许他们进行搜查。警官们几乎立刻就意识到他们这么做是很有意义的。父母们不仅乐于让他们搜查房屋,并且常常对警官们的关心和尽力帮助他们表示感谢。事实上,许多父母都对自己的孩子可能横死街头或被送入监狱胆战心惊。一位在当地医院从事夜班工作的妇女还把她家的钥匙给了警察,这样警察就能在任何时间搜查她家。还有一个妇女询问她能否事先签好一沓"同意搜查与扣押"的文书。

　　不久以后,关于应当去哪个房子进行"同意搜查"的建议就已经大部分来源于听说这一项目的社区成员,而不再仅仅来自警察系统的内部建议了。这大大提升了通过搜查获得非法持有的枪支的可能性。在1994年,机动后备队的警官每晚都要进行5—30次的同意搜查。在大约一半的搜查中都能发现枪支,平均下来,每搜查一个家庭都能扣押近三支枪。合计起来,微不足道的"同意搜查"项目在1994年共扣押了402支枪,约占圣路易斯市警察局当年从未成年人手中获得的全部枪支总数的一半。更引人注目的是,在圣路易斯这样一个警察和黑人社区成员之间素有嫌隙的城市,在所有被请求的人中,有98%的人同意警察进入他们的家中进行搜查。

　　此时,这一项目几乎已经符合所有可用于描述创新的定义了。它源于基层和社区居民的建议,它精心设计并值得尊敬。与枪支回购项目不同,同意搜查项目盯准那些杀人或被杀风险最高的群体。最重要的是，它无需圣路易斯市支付额外的费用就能操作。

很快，这个项目开始获得当地和全国的关注。一个全国性的警察组织提名这一项目获得一个久负盛名的创新奖项。里斯克和其他警官还前往华盛顿特区，就这一项目向国会说明情况。项目还获得了克林顿总统的关注，并将其视为地区性创新的代表案例。①

从逻辑上来说，下一步就应当对这一项目的情况和效果进行正式的评估了。1995年10月，美国司法部聘请罗森菲尔德和德克尔对项目进行评估。如果评估的结果显示项目真的有效，"同意搜查"项目非常有可能被全国各地面对相似的青少年暴力犯罪问题的警察部门所采用。

一切似乎都很顺利，除了一个小问题。当罗森菲尔德和德克尔在几个月后开始他们的评估工作时，他们发现"同意搜查"项目实际上已经不存在了。

到底发生了什么？一言以蔽之的回答是政治因素所导致的。圣路易斯市警察局局长辞职并计划在下一次选举中竞选市长。从某种意义上来说，由于所有与前任警察局局长相关的事项（尽管相关性可能并不紧密）从本质上来说都被视为"糟糕的想法"，新的警察局局长对于继续运行"同意搜查"之类的项目毫无动力。事实上，在警察部门内部例行的重组调配过程中，新任警察局局长将里斯克和其他参与"同意搜查"项目的警官调任至警察局的其他部门。机动后备队则改由一位新任命的警官担任队长。当罗森菲尔德和德克尔拜访这位新任队长以了解"同意搜查"项目到底发生了什么时，新任队长根本不知

---

① 2008年5月21日对理查德·罗森菲尔德的访谈。

道他们在说什么。在进一步描述了"同意搜查"项目的具体情况后，他的回答是，机动后备队的一些枪支管控项目（"同意搜查"项目是其中之一）由于"没有成功"（lack of success）而被暂停了。

"同意搜查"项目本已经接近于全国性的推广，但在圣路易斯市警察局里却只有很少的人知道。有关项目情况的新闻已经通过某种方式被克林顿总统所获知，却不能在圣路易斯市警察局内部为更多的人所知晓。机动后备队在圣路易斯市警察局中属于独立的部门，而且，机动后备队内部也只有很少的警官参与了这个项目。有关项目的信息则采用非正式的方法进行记录：里斯克警长完整地留存了所有的同意搜查书，并保存在他自己家地下室的一个纸箱里，但后来却毁于一场洪水。除了这些同意搜查书，里斯克和他的同事们没有制定任何能够说明项目如何开展的培训材料或指南性文件。相反，他们却依靠本能来指导他们开展项目。对于如何在真实情境中完成具体的工作来说，这样的做法可能是正确的选择，但这同时也意味着当他们离开机动后备队时，根本没有任何东西记录了这个项目曾真的存在。一项看似成功的创新就这么消失了。

第二次机会

对于大多数刑事司法领域的创新措施来说，在这种情况下，道路本已经走到了尽头。但是，"同意搜查"项目的拥趸中有一个人很特别——美国国家司法研究所的官员洛伊斯·默克（Lois Mock），而且她不想在未经争取的情况下就放弃这一项目。

　　默克在国家司法研究所工作多年,并对如何预防枪支暴力犯罪充满热忱。当罗森菲尔德和德克尔告诉她"同意搜查"项目已经不复存在时,她表示会亲赴圣路易斯市并争取重启这一项目。"让我们看看我们能做些什么。"她告诉罗森菲尔德。后来他们一起在一个社区会议上堵到了新任的警察局局长。罗森菲尔德回忆起这样一个令人诧异的场景:只有五英尺高的默克大步赶上有六英尺七英寸高的警察局局长,坚决要求重启这一项目。"她告诉警察局局长,'同意搜查'项目非常有希望获得联邦司法部的资助,也非常值得给予第二次机会。"罗森菲尔德回忆说。① 警察局局长同意重启这一项目,但"仅仅是为了评估的目的和避免当地警察局的尴尬处境"。罗森菲尔德和德克尔的记录显示。

　　重启这一项目的重任交由新任命的机动后备队的队长负责。不幸的是,这位队长从始至终都对这个项目毫无兴趣。"他把这个项目称为社会工作(social work),而且不是什么好事。"罗森菲尔德说。② 事实上,在和罗森菲尔德和德克尔上次会面后的几个月里,他已经把这个项目彻底给忘了。两位研究者不得不出示圣路易斯邮报(*St. Louis Post-Dispatch*)上面的文章来向他证明,机动后备队真的曾经负责过这个项目。

　　项目最终以一种完全迥异于最初构想的方式重新启动了。"几乎与最初的做法没什么相同的了。"罗森菲尔德说。项目不再专注于扣押枪支,相反,却转而寻求逮捕犯罪嫌疑人。最初做法中争议最大的核心内容——承诺

---
① 2008年5月21日对理查德·罗森菲尔德的访谈。
② 同上。

不进行逮捕,也从同意搜查书中删去了。新任队长对重新启动的项目的指导思想作了"总结":"当你可以采用逮捕措施或依据搜查令来同时扣押枪支和抓捕罪犯时,为什么要通过同意搜查只完成扣押枪支这一项任务呢?"

不出所料的是,社区关于同意搜查的建议持续减少,机动后备队的工作也转向了更为传统的强制性方法。在1997年,机动后备队仅仅实施了27次同意搜查,查获了31把枪支,而且这些搜查没有一项针对的是不到18周岁的青少年。"项目已经完全背离了最初的目标,即通过同意搜查来降低未成年人枪支暴力犯罪风险。"德克尔和罗森菲尔德在跟踪评估报告中写道。[1] 持续9个月以后,这个项目就不再继续了。

最后一击

引人注目的是,"同意搜查"项目并未就此消亡。1998年底,在密苏里州东区(Eastern District of Missouri)检察官艾德·多德(Ed Dowd)的坚持下,"同意搜查"项目最后一次重现江湖。

受到在波士顿开展的有效阻止了青少年暴力犯罪爆发的"停火行动"项目(我们将在第三章具体讨论这一项目)的鼓励,美国联邦检察系统正努力在各地的法律执行中发挥更为积极的作用。多德检察官经常参加各种相关会议,并曾听过大卫·肯尼迪(David Kennedy)关于"停

---

[1] Decker, Scott H., and Richard Rosenfeld. 2004. "Reducing Gun Violence: The St. Louis Consent-to-Search Program." NIJ Reducing Gun Violence Series Research Report NCJ 191332. Washington, DC: National Institute of Justice. http://www.ojp.gov/pdffiles1/nij/191332.htm.

火行动"项目的演讲。大卫·肯尼迪是哈佛大学的学者,曾帮助设计"停火行动"的具体方案,他在演讲中常常提及圣路易斯市的"同意搜查"项目,并将其视为预防青少年暴力犯罪的有效途径。当多德得知"同意搜查"项目不再继续实施时,他非常沮丧。德克尔回忆道:"(多德)说,'他们在说的是我们在圣路易斯市做过的伟大的事情,但现在我们却不再继续做这件事了,我要知道这是为什么!'。"①

此时,圣路易斯市又任命了新的警察局局长。在多德的推动下,新任的警察局局长同意再次重启这一项目。多德从联邦司法部为项目筹得资助,并且为了保证项目的执行得到密切的监督,警察局局长将其交由办公地点位于警察局总部的情报部门(Intelligence Unit)负责执行。里斯克警长以及另一位最初参与项目的警官,海恩伯格警长,被再次任命为项目的领导者。

看上去似乎"同意搜查"项目已经万事俱备了。来自联邦检察官的强有力支持以及配套的资助,给予项目前所未有的可信度和正当性。而且,项目还是由两位在取得成功的第一阶段就参与的有才干的警官来领导。

里斯克和海恩伯格很快就着手纠正项目中他们认为存在的缺陷。自愿参与这一项目的警官们也接受了广泛的培训。有关项目的信息被严格地记录下来。里斯克和海恩伯格明白有些青少年只是从家里合法持有枪支的成年人那里"借"了枪,所以他们决定向家长提供枪锁,并培训那些希望确保他们合法持有的枪支处于安全状态的家长。里斯克和海恩伯格还恢复了原来的承诺:不以发现的非法枪支为由追究刑事责任。

---

① 2008年5月22日对斯科特·德克尔的访谈。

最后,警官们还寻求在项目中增加一项社区服务的内容,来帮助青少年和他们时常处于惊恐状态之中的父母。对德克尔来说,开展"同意搜查"项目最痛苦的部分就是感受到那些他们所遇到的父母的绝望。"我并不期望妈妈们会对警察在做的事情有多感激,"参与许多次同意搜查的德克尔说,"这些妈妈已经无法控制她们的孩子,她们迫切需要帮助。"①项目的首要目标依然是从青少年手里获得非法持有的枪支,警官们也不认为单靠这项工作就能改变他们所遇到的家庭的生活轨迹。警官们希望,把陷入困境的青少年和他们的父母转介给社区服务组织,而这能够给这些家庭带来更为持久和积极的变化。

里斯克和海恩伯格选择了当地的一个宗教团体作为提供社区服务的合作方。基本的构想就是,执行同意搜查的警官可以将青少年及其父母转介到这一组织并由该组织提供指导和支持,还能与开展工作技能培训和毒瘾戒除治疗的项目相联系。

出发点可能是好的,但根据罗森菲尔德和德克尔的观察,刚开始时,合作双方的关系很紧张。在启动会议上,一位牧师就提出,他们怎么能够确定警官们在进行搜查时就不会从被搜查的房子里偷东西。里斯克的反应总是很快,他回击说,警察们怎么能够确定牧师们就不会性骚扰他们转介过去的青少年。会议室里传出的并不愉悦的笑声并不能掩盖双方之间内心缺乏信任的事实。

在每个星期,"同意搜查"在其中四个晚上的18:00—22:00之间进行。这一次,大部分进行搜查的对象都是由情报部门自行确定的,而不是来自社区居民的建议。里

---

① 2008年5月22日对斯科特·德克尔的访谈。

斯克和海恩伯格相信,依靠警察部门内部的建议将会帮助项目更有效地开展,并减少无效搜查的可能性。每天早上,他们会仔细阅读计算机系统中的犯罪报告,寻找拟进行搜查的房子。最初,合作方的神职人员会被邀请与警察们一起进行搜查,但是这种做法很快就被放弃了。海恩伯格认为,警察们对于神职人员的在场感到不安。"他们的举动表明他们不信任我们。"海恩伯格说。① 取而代之的是一份书面表格,用于解释可以提供的社区服务。对于填写后的表格,警察们自行保留一份,将另一份寄给宗教团体,并希望宗教团体之后能够跟进这个家庭。

然而不久以后,警官们就发现,作为合作方的宗教团体并没有履行合作协议中规定的义务。对这些问题家庭后续跟进工作上的不足让海恩伯格和其他一些警官感到沮丧。海恩伯格至今仍然能够回忆起他在同意搜查过程中遇到的人们。"曾经有一个妇女流着泪告诉我,她觉得她儿子马上就要被杀死了!"海恩伯格说,"我们没能帮到她,我不喜欢这样的结果。"②

处于第三阶段的"同意搜查"项目还受困于其他具体执行方面的问题。借助于警察系统内部的信息,警方希望能够更好地锁定搜查的对象,这种做法虽然确实减少了实施搜查的数量,但同时也降低了家长们同意进行搜查的几率。从1998年12月—1999年8月,一共实施了201次同意搜查,这一数量大概是1994年的一半。值得关注的是,其中家长最终同意搜查的比率只有42%,而在项目的第一阶段,家长的同意率则高达98%。"这其实一点都不奇怪,当家长要求警察去他们家时,他们同意进行

---

① 2008年5月29日对鲍勃·海恩伯格的访谈。
② 同上。

搜查的可能性更高。"罗森菲尔德和德克尔冷冷地记录道。① 在这一期间,也只起获了29把枪,与项目第一阶段扣押的402把枪的战绩相比实在太微不足道了。

警方认为,"同意搜查"项目最重要的目标是为了表明,圣路易斯市警察局正密切关注青少年枪支暴力犯罪严重扰乱社区,这一目标具有象征意义。但是,象征意义作用有限。并不鼓舞人心的数据,加之宗教团体方面后续跟进工作上的不足,最终侵蚀了项目。当联邦司法部提供的资助期满后,项目再次终止了,而这一次确实是永远终止了。

沼泽城堡里的国王(the King of Swamp Castle)

在经典电影《巨蟒与圣杯》(Monty Python and the Holy Grail)里,沼泽城堡里的国王决定把他的王国建立在不稳固的地盘上,并为他这个看上去很愚蠢的决定辩护。"其他国王说我疯了,"他告诉他的儿子,"但我重复建相同的城堡,就是为了告诉他们。城堡沉到沼泽里去了,我就再建第二个。第二个又沉没了,我就再建第三个。第三个烧毁了,倒塌了,然后又沉入沼泽。"如果把参与圣路易斯市"同意搜查"项目的警官们比作沼泽城堡里的国王的话,他们似乎就更值得原谅。

事实是,几乎所有刑事司法领域的创新都建立在沼

---

① Decker, Scott H., and Richard Rosenfeld. 2001. "From Problem Solving to Crime Suppression to Community Mobilization: An Evaluation of the St. Louis Consent-to-Search Program." NIJ Report NCJ 188291. Washington, DC: National Institute of Justice. http://www.ojp.gov/pdf-files1/nij/grants/188291.pdf, p. 25.

泽之上。圣路易斯市当时正经历青少年枪支暴力犯罪的高峰期。警方为了找到应对的办法承受着巨大的压力,尤其是在美国这样一个国家——处于流通状态的枪支数量与人口数量一样多。对于遵纪守法的公民来说,可以很容易地通过枪支回购项目来减少枪支的持有量,但这对于问题的解决却帮助不大。更严重的是,枪支暴力犯罪发生最多的社区恰恰也是最不信任警察的社区。更不用说我们没有提到的其他一些因素,包括青少年缺乏工作与接受教育的机会,以及文化上的问题(例如"停止告密"行动*),也会使在类似于圣路易斯市这样的地方开展减少犯罪的努力更为复杂化。

在面对诸如此类的挑战时,开展一个新的创新项目真的需要很大的勇气,在圣路易斯市也只有少部分的警官有勇气去尝试。这些必须面对的挑战可以破坏任何的创新措施,而无论创新措施本身设计或执行得多么完美。但圣路易斯市的试点却遇到了更多额外的障碍,其中许多都是由于创新措施自身的原因所造成的。考虑到后果通常都无法预料这一法则,对圣路易斯市的改革者们来说,或许好一些(或者至少是更合乎情理)的选择也有助于减少额外产生的问题。

在第一阶段,项目由警察局内部的一个独立机构实施,程序方面相对不正式也使项目能在免受警察总部干涉的情况下发展和调整。但是,也正是这种独立性导致项目走向消亡——一旦负责的警官被调任,项目就立刻

---

* "停止告密"(stop snitching movement)行动起源于美国巴尔的摩市,一起谋杀案的证人被枪击身亡,原因可能是检察官在法庭上宣读了这位证人的名字。此后巴尔的摩市街头开始售卖一些名为"停止告密"的 CD、DVD 以及印有"stop snitching"字样的 T 恤衫售卖,内容是警告向警方"告密"或作证的人不要再向警方"告密"了。——译者注

不复存在。在第三阶段，警官们决定不再根据家长和社区成员的建议确定搜查的对象，而是转而依靠警察系统的内部信息，并希望由此能更有效率地确定搜查的对象。但他们没有预见到的是，来自社区的建议对于这个项目开展的正当性有多么的举足轻重。结果是，同意进行搜查的比率从第一阶段的98％降至42％。在另一方面，警官们考虑得非常周全，认识到他们如果想帮助那些已成惊弓之鸟的父母，使他们的家庭处于安全的状态，警方就需要与一个社区组织开展合作。但是，对合作机构的不当选择反而削弱了项目，并导致了最终的失败。

"同意搜查"项目纠结的历史向我们展示，开展一个项目并不存在什么完美的、没有任何风险的方法，简单地认为不同的决定本可以挽救项目并不恰当。免遭失败本来就是一个不切实际的目标：免遭失败唯一的方法就是不去尝试任何事情。如果你能拥抱失败并学习将失败视为一块跳板而不是一道不可逾越的壁垒，那么成功就是可能的。毕竟，即使是沼泽城堡里的国王在建第四个城堡时也成功了。

圣路易斯市"同意搜查"项目之所以特别重要，是因为其短暂而又充满转折的存在过程恰好充分展现了导致刑事司法改革失败的常见原因。一般而言，失败有四种类型：

- 概念上的失败（糟糕的想法）
- 实施上的失败（糟糕的执行）
- 营销推广与政治因素上的失败（不能吸引必要的财力和人力支持）
- 自我反思上的失败（改革者在为项目争取支持时过于急功近利，以至于不能准确评估自身的弱点或不能

在情况发生变化时作出应对)

"同意搜查"项目前景最美好的第一阶段,是说明政治因素导致失败的上佳例子。考虑到圣路易斯市混乱不堪的政治状况,项目与警察局局长(同时也是市长职位的竞争者)捆绑在一起就足以使蒸蒸日上的创新项目迅速被人遗忘,无论项目早期的成果有多么鼓舞人心。而且,机动后备队的警官们的独立性也意味着他们在警察局总部没有什么能够拯救他们项目的盟友。

为了避免落入下意识地认为所有的政治因素都是负面的这一思维定势,有必要强调的是,正是源于政治因素的力量才帮助"同意搜查"项目起死回生。毕竟,联邦司法部和之后联邦检察官的介入,才帮助项目重新启动。改革者们需要掌握的一项极为困难但又极为重要的技能,就是如何来掌控地方的政治因素,这也是我们将在本书中不断重复的一个话题。

但掌控地方政治因素方面的失败仅仅是"同意搜查"项目故事中的一部分。有的时候,改革者会被糟糕的想法击溃,正如"同意搜查"项目的第二阶段所展示的那样。很明显,放弃对发现的非法物品不进行逮捕这一承诺不是一个好的主意。即使是最有才华和最有奉献精神的警官也无法在这样的限制下使项目正常运转。因此,"同意搜查"项目的第二阶段如同第一阶段一样失败了,但却是基于不同的原因。这一次,不是政治因素导致的失败,而是概念上的失败。

在第三阶段,也就是最后一个阶段,"同意搜查"项目拥有联邦检察官的积极支持和专门的资助。政治风向似乎与项目的方向保持一致了。参与这一阶段的警官们也有很好的想法和相关的经验来设计项目。但"同意搜查"项目再次失败了,这次的原因是实施方面的问题——尤其是决定把一个有缺陷的宗教团体作为合作伙伴。

除了政治因素、概念和执行,还有一个导致失败的原因,在刑事司法创新中最重要但却最少被提及:不能进行有效的反思,从而搞清楚哪些有效和哪些无效。同样,"同意搜查"项目也提供了一个很好的范例,展示了刑事司法领域从错误中吸取经验教训有多么困难。

再次失败

"同意搜查"项目非常罕见地展示了刑事司法领域自我反思方面的失败,因为它催生了一项对失败进行定性研究的优秀成果。这一成果首先是特定环境的产物。罗森菲尔德和德克尔受聘对"同意搜查"项目进行评估,却发现其已经被解散了。罗森菲尔德曾言道:"除了去写写失败,我们别无选择。"[①]

但罗森菲尔德和德克尔的研究并没有给经过同意后进行入户搜查这种方式画上句号。自2007年年底开始,波士顿、华盛顿特区和费城开始创造他们自己版本的"同意搜查"项目。

尽管可以从圣路易斯市的经验中获益,但这些地方每个项目的开展均非易事,需要应对来自多方面的挑战,包括公民自由主义者、社会活动家以及全国步枪协会

---

① 2008年5月21日对理查德·罗森菲尔德的访谈。

（National Rifle Association）等。① 华盛顿特区版本的"同意搜查"项目失败的关键原因在于营销推广方面的失败：策划者未能在市长和警察局局长宣布这一项目之前获得当地居民和宗教团体对于项目的有力支持。缺乏基层的政治支持导致授人以柄，给了诸如美国公民自由协会这样的组织机会，来批评这一项目具有过度的强制性。经过几个星期媒体上的负面报道，警察部门被迫对项目进行澄清，而事实上这个项目尚未开始。②

尽管在多个地方又花费了数万美元和工时，但"同意搜查"项目始终与15年前刚开始探索时保持一致：这一使处于风险之中的青少年脱离枪支的方法似乎很有前途，但其效果却始终未得到证实。罗森菲尔德和德克尔则坦率地承认了他们的研究在这一方面存在缺陷。他们并不清楚"同意搜查"项目在减少圣路易斯市的暴力犯罪方面是否真的有效，鲍勃·海恩伯格也这么认为。"我希望能知道项目的效果，而不仅仅是收缴了多少枪支，"海恩伯格说，"这是个耻辱，因为我们本可以进行深入的了解。"③

残酷的真相是，虽然在过去20年里，刑事司法机关在认识和实践方面取得了重大的进步，但仍然在不断努

---

① See *The Washington Post*, "Gun Search Program to Be by Request Only: D. C. Backs Off from Door-to-Door Outreach," April 4, 2008. See also *Boston Globe*, "Police Set to Search for Guns at Homes: Voluntary Program Is Issue in Community," February 9, 2008; and *The Philadelphia Inquirer*, "Nutter Defiantly Signs Five Gun Laws," April 11, 2008.

② "我们应该披露有关项目更多的信息，"警察局局长凯西·拉尼尔（Cathy L. Lanier）告诉《华盛顿时报》The (Washington Times)说，"我对没有披露更多的信息负全责。"参见 The Washington Times, "D. C. Chief Clarifies Gun Search Program," April 3, 2008. 警察局长说，这一项目作为"安全夏日"(summer of safety)创新措施的一部分，只打算实施几个月。

③ 2008年5月29日对鲍勃·海恩伯格的访谈。

力探求如何解决诸如枪支暴力犯罪之类的问题。威斯康辛大学(University of Wisconsin)教授迈克尔·斯科特(Michael Scott)——他还曾是位警察局局长——则认为："在警察机构中,我们还没有一个界定、测量成功或是失败的严格标准。由于缺乏明确的标准,我们转而依赖非常个人化和临时性的测量标准……不幸的是,这样做很容易在警务方面错失好的想法。"①

另外一些观察者则认为,与其他一些领域相比,刑事司法领域的差距非常明显。例如医药领域,在将创新产品推向公众进行销售前都会进行彻底的验证。"如果一项干预措施使罹患乳腺癌的几率下降30％,那么这一措施很快就会强制实施;相反,如果有一项实践伤及民众,很快就会被叫停,"约翰·杰刑事司法学院(John Jay College of Criminal Justice)院长杰里米·特拉维斯(Jeremy Travis)——他还是克林顿执政期间联邦司法部的前任官员——指出,"在刑事司法领域中,我无法作出同样的结论。"②

当然,在刑事司法领域中测量一项复杂的、不断进化演变的实验的效果,例如"同意搜查"项目,要比测量医药领域研究成果的效果复杂得多。后者更适用于评估研究的黄金标准:不同个体随机分配到实验组与对比组并深入细致地跟踪效果。近些年来,研究者与实务工作者之间,已经就"研究在推进刑事司法实践方面应当发挥什么样的作用"这一话题开展了激烈的争论。有人认为,只有那些已经被证实其有效性的项目(即循证项目 evidence-based programs)才应当被支持;而另一些人则担忧,如果

---

① 2008年5月14日对迈克尔·斯科特的访谈。
② 2008年6月17日对杰里米·特拉维斯的访谈。

在这一方面要求过高,这种"有没有用"的"运动"会彻底挤占创新和采用新想法的空间。①

以"同意搜查"项目为例,可以充分展示这一争论的复杂性。一方面,如果政府只资助循证项目,"同意搜查"将永远不可能开始尝试。另一方面,如果刑事司法领域更为重视"证据",也许我们将更好地了解"同意搜查"这种方法是否、为什么以及在什么情况下会起作用。

来自圣路易斯市的观点

在"同意搜查"项目最后一次被停止大概 10 年以后,圣路易斯市仍然是一座危险的城市,尤其对那些非洲裔青少年来说。② 犯罪率在 20 世纪 90 年代早期达到顶峰后,之后的 10 年趋于下降(与全国的趋势吻合),但近几年则又开始回升。2007 年共有 138 起谋杀案,高于 21 世纪最初几年里的平均每年 113 起。与 20 世纪 90 年代早

---

① Smyth, Katya Fels, and Lisbeth B. Schorr. 2009. "A Lot to Lose: A Call to Rethink What Constitutes 'Evidence' in Finding Social Interventions That Work." Working Paper Series. Cambridge, MA: Harvard University, John F. Kennedy School of Government, Malcolm Wiener Center for Social Policy. http://www.hks.harvard.edu/socpol/publications_main.html.

② 据罗森菲尔德所说,作为一个大都会区,而不仅仅是一座城市,事实上圣路易斯市在犯罪方面的情况不算太糟糕,仅排名第 120 位。参见《今日美国》(USA Today) 2009 年 11 月 29 日的报道《为什么城市犯罪排名会造成误导》("Why City Crime Rankings Offer a Misleading Picture")。虽然罗森菲尔德认为圣路易斯市对于其中 87% 的居民来说都是安全的这一点正确无误,但对其他的居民来说却非常危险。例如,在 2008 年前 5 个月里 59 名谋杀案件的被害人中,有 43 名是黑人。参见《圣路易斯市美国人》(St. Louis American) 2009 年 5 月 27 日的报道:《圣路易斯市的谋杀数量可能已达去年的总数》("St. Louis Murder Rate May Shoot Past Last Year's Total")。

期相同,暴力犯罪集中于市中心区:一半的谋杀案发生于12个社区,而圣路易斯市共有79个社区。2008年6月,成千上万的非洲裔居民上街游行,抗议他们居住的社区发生的暴力犯罪所造成的死亡。他们认为警察对于他们的帮助甚微。

和所有优秀的改革者一样,已经退休的海恩伯格仍然惦念着,如果"同意搜查"项目没有停止,可能会发展演变成什么样子。他想知道:"如果家里还有其他的枪支,家长们还会给我们打电话吗?家长们是否使用了我们提供的枪锁等枪支安全设备?我们是否从正确的人手里收缴了枪支?"然而,他最大的遗憾是没有机会看到项目的发展与成长。"我觉得当时我们使枪支脱离它们所在的家庭并把它们变成了废弃的东西,"他说道,"去看看是不是真的如此,并想想如何应对大量枪支被废弃的问题,会是很有趣的事情。"①

海恩伯格是本书中的英雄之一,因为他愿意尝试一些新东西并参与试错的过程。刑事司法领域中真正的"大反派"并不是失败的威胁,而是对现状的全盘接受。

和所有经验丰富的实务工作者相同,海恩伯格可以和我们分享他所知道的有关刑事司法系统内普遍存在自满情绪的故事。在从警察局退休之前,海恩伯格在当地的一个创伤治疗中心(trauma center)组织了为期一天的会议,这个会议将圣路易斯市发生青少年被枪击的事件后可能涉及的所有刑事司法领域和医疗领域的人员召集到一起。他的想法是从不同的视角"重新调查"(reinvestigate)每个案件,以通过不同机构之间的信息共享来看看可以吸取什么样的经验。

---

① 2008年5月29日对鲍勃·海恩伯格的访谈。

在这次会议上，在科学方法方面训练有素的急诊室医生热切地和与会者分享他们的思考和想法。但是，在会议进行到一半的时候，海恩伯格注意到警察局谋杀案件调查组的组长却安静地坐在会议室的后面，甚至懒得摘下他的帽子——这个肢体语言明确地表明他认为这个会议纯属浪费时间。当海恩伯格叫到他的时候，这位组长举起一本警察们在调查谋杀案件时通常使用、用于追踪被害人基本人口信息的记录本复印件。他指着这本残破的复印件，轻蔑地告诉其他人："如果死者的名字没在这个谋杀记录里，我会对此毫无兴趣。"这是这位谋杀案件调查组组长在这次会议中唯一说过的一句话。

可以肯定地说，这位谋杀案件调查组组长并没有像海恩伯格一样，在预防枪支暴力犯罪方面曾经启动过一项被广为宣传的失败措施。但是，避免失败不应该成为刑事司法系统的目标。

第二章
成功中的失败

乍看之下,比尔·迈耶(Bill Meyer)法官和凯文·伯克(Kevin Burke)法官并不像激进分子。在美国,通常只有对美国的司法制度抱有坚定的信念,同时又能在现实状况下高效开展工作的人,才能从法学院毕业并最终成为法官,迈耶(丹佛市的法官)和伯克(明尼阿波利斯市的法官)就是其中之一。在 20 世纪 90 年代中期,迈耶和伯克的目标的确相当大胆——全面改造法院系统对于滥用毒品所致犯罪的应对措施。

作为都市地区的法官,在他们俩看来,全美国的法院已经被与毒品有关的犯罪"攻陷"了。在 1980 年,全美国的警察共计对与毒品有关的犯罪实施了

580900 次逮捕。而到了 1996 年,全美国的法院系统则需要应对超过 150 万起与毒品有关的逮捕,几乎已经增长了两倍。①

使迈耶和伯克困惑的不仅仅是法庭内如洪水般涌来的与毒品相关的案件。毒品正在使他们居住的社区支离破碎。在明尼阿波利斯,1995 年共有 95 人被谋杀,而其中许多都死于与毒品相关的枪战,按照《纽约时报》(The New York Times)的说法,霹雳可卡因(crack cocaine)已经把平静的明尼阿波利斯(Minneapolis)变成了"谋杀之城"(Murderapolis)。② 丹佛的情况同样如此,从 1979 年到 1993 年,与毒品有关的逮捕数量增长了两倍,而日益兴盛的毒品交易使得市中心已经不适宜居住了。

1996 年,时任明尼苏达州亨内平郡(Hennepin County)法院首席法官的伯克开展了一项研究,目的在于检视法院是如何每年处理 4500 起与毒品有关的逮捕案件。他很震惊地发现,大约只有 100 名被追诉者最终被判进入州立监狱服刑。更震惊的是,几乎没有被告人接受过戒毒治疗。另外一个问题则是诉讼拖延:大部分毒品案件都会在最终处理完毕前在刑事司法程序内耗上几个月甚至几年。这意味着,"对成千上万的人实施了逮捕,但最终却什么都没有发生。对我来说,这就是个糟糕的刑事司法体系"。伯克说。③

回到丹佛,迈耶也在自己的研究中得出了相似的结论。"在给予需要戒瘾治疗的人相应的治疗方面,我们并

---

① Bureau of Justice Statistics. "Drug and Crime Facts." http://www.ojp.usdoj.gov/bjs/dcf/tables/arrtot.htm.

② The New York Times, "Nice City's Nasty Distinction: Murders Soar in Minneapolis." June 30, 1996.

③ 2008 年 9 月 24 日对凯文·伯克的访谈。

不是很有效率,"迈耶说,"在法院的待审案件清单中,持有大量毒品的严重案件的被告人会和谋杀与性侵案件的被告人混在一起。刑事法院待审案件数量庞大,没有空间对更严重的毒品犯罪案件给予适当的关注。"①

虽然各自独立开展工作,但伯克和迈耶却不约而同地得出了相同的结论:司法系统并不像它被期望地那样有效。他们开始谈及许多刑事司法官员都只会在私下里承认的这一事实。"在伯克之前,处理毒品犯罪案件的方法是很糟糕的,"当时任职于明尼阿波利斯公设辩护律师办公室的托德里克·巴内特(Toddrick Barnette)回忆道,"一件毒品犯罪案件分配给我,之后 4 个月或 5 个月的时间里什么都没有发生。同时,直到审判的时候,犯罪嫌疑人仍然待在社区中。在那之前,我们不知道能做些什么。"②

为了寻觅解决这一问题的方法,伯克和迈耶想到了几年前曾经在迈阿密有过尝试的被称为"毒品法庭"的创新措施。这个创新做法是对毒品犯罪被告人判处具有司法属性的强制戒瘾治疗以代替监禁刑,并希望借此减少犯罪。迈阿密模式已经获得了广泛的好评,当地的州检察官珍妮特·雷诺(Janet Reno)也因此成为全国性的知名人士。* 研究显示,毒品法庭项目同时减少了毒品滥用和重新犯罪。迈耶和伯克非常希望能将毒品法庭这一理念运用到丹佛和明尼阿波利斯。

---

① *Denver Westword News*,"A Chemistry Experiment: The Denver Drug Court Tests a Formula for Reclaiming Addicts." September 26, 2002.

② 2008 年 10 月 22 日对托德里克·巴内特的访谈。

* 珍妮特·雷诺于 1993 年 3 月被比尔·克林顿总统任命为联邦司法部长(总检察长)直至 2001 年卸任。她是美国历史上首位女性司法部长。——译者注几年后，迈耶和伯克的项目发展起来了。明尼阿波利斯毒品法庭获得了多个奖项，其中一个来自于联邦调查局(FBI)；而丹佛毒品法庭则在当地报纸上开设了专栏，并获得了市政府的支持。

同时，已经担任联邦司法部长的珍妮特·雷诺也利用她的职位和影响（同时还包括分配联邦司法部资金资助的权力）在全国范围内推广毒品法庭。珍妮特·雷诺对于毒品法庭的关注使联邦司法部在这一方面有长期的投入。从克林顿政府执政那年开始，毒品法庭广受民主党和共和党两党政治家的欢迎。美国国会每年都向毒品法庭专项拨款数百万美元。更重要的是，毒品法庭被证明是有效的：能使成千上万的瘾君子戒除瘾癖，还能同时减少监禁刑的使用及与看守所与监狱相关的费用支出。

在很多学者看来，毒品法庭是过去25年里刑事司法领域最成功的创新之一。——可是这一判断并不适用于丹佛和明尼阿波利斯。到2002年，丹佛的毒品法庭事实上已经被废弃[1]，而几年以后，明尼阿波利斯的毒品法庭也遭遇了同样的命运[2]。

丹佛和明尼阿波利斯到底发生了什么？每个城市都有各自充满反复曲折的历史。本章讲述了这两座城市毒品法庭的故事，并试图说明这样一个重要的道理：有的时候，仅有好的想法并不足以确保成功。

---

[1] *Rocky Mountain News*, "Panel Pushing to Revive Part of City's Drug Court." April 14, 2006.

[2] 虽然近些年来这两个毒品法庭恢复运作，但规模与之前相比要小得多，同时也不再有它们的创立者所提出来的雄心壮志。参见 *Minnesota Public Radio*, "Courting Changes in Drug Prosecution." November 29, 2006.

一种新的方法

我们可以试着帮助他们。司法系统应该帮助有毒瘾的犯罪者而不仅仅是惩罚他们,正是这个简单的想法,促使迈阿密第十一司法区法院的赫伯特·克莱恩法官(Judge Herbert Klein)开始探索创立第一个毒品法庭。①

20世纪90年代中期,大概在丹佛市和明尼阿波利斯市法院受困于毒品犯罪5年之前,迈阿密正经历着霹雳可卡因的流行高峰期,也受困于同样的问题。从1984年到1989年,因持有毒品而被逮捕的人数增长了93%,而且一项研究显示,迈阿密重罪案件犯罪嫌疑人中有3/4可卡因药检都呈阳性。② 对此,迈阿密的司法系统措手不及。看守所的容纳能力很快趋于饱和。毒品犯罪未决案件堆积如山,导致法院办理案件的正常流程被阻塞了:待审的毒品重罪案件的数量从1979年到1990年期间增长了350%。③

从表面上来看,克莱恩解决这个问题的方法很简单:对有毒瘾的罪犯,用判处戒瘾治疗替代监禁,同时由法官对戒瘾治疗的过程进行严密的监控。但在实践中,这却是一种激进的转变,同时也有很大的风险。首先,这意味着要让法官参与到复杂麻烦的戒瘾治疗过程之中,而在

---

① Goldkamp, John S. 2003. "The Impact of Drug Courts." *Criminology & Public Policy* 2(2): 197—206.

② Goldkamp, John S. 1994. "Miami's Treatment Drug Court for Felony Defendants: Some Implications of Assessment Findings." *The Prison Journal* 74(2): 110—166.

③ *The New York Times*, "Miami Tries Treatment, Not Jail, in Drug Cases." February 19, 1993.

戒瘾治疗的过程中,有毒瘾的人需要与诱惑和复吸作斗争,通常存在"前进两步,后退一步"的情况。在一般的诉讼程序中,法官们通常在对被告人作出量刑裁判之后就不会再见到他们,除非被告人重新被逮捕并移送到法院。而在毒品法庭,法官对一个案件至少要监控一年的时间,还要不断地在例行的进展状况听审(status hearings)中鼓励和说服被告人,让其继续进行戒瘾治疗。有时,监控也就意味着容忍失败,因为法官和检察官都明白这句被不断重复的话——"复吸本身就是戒瘾的一部分"。在被告人的戒瘾治疗过程中,法官不能在毒品检验第一次呈阳性时就简单地放弃他们。"很多人都开始再次吸食毒品,但他们会从法官那里得到第二、第三,甚至第四次机会,"一位迈阿密的检察官曾告诉《纽约时报》的记者,"复吸本就在预料之中。"①

然而,最大的风险存在于决定把法院纳入使犯罪者复归社会的工作之中。由于一些研究显示,矫正措施并未对改变罪犯的行为产生什么作用,刑事司法体系能够使犯罪者复归社会的理念在20世纪70年代和80年代饱受质疑。② 这一研究结论,加上居高不下的犯罪率,使主张"应对犯罪更多地采用惩罚措施"的政治运动得以发展。例如"三振出局"法("three strikes and you're out" laws)、强制性最低刑期量刑(mandatory minimums)和诚实判决

---

① *The New York Times*, "Miami Tries Treatment, Not Jail, in Drug Cases." February 19, 1993.

② Martinson, Robert. 1974. "What Works? Questions and Answers about Prison Reform." *The Public Interest* 35 (Spring): 22—54.

立法(truth-in-sentencing legislation)。* 由于需要帮助犯罪者戒除毒瘾,毒品法庭已经与刑事司法系统的传统认识相悖,也与整个国家普遍的政治思潮相对立。"现在回想起来,很容易发现,迈阿密毒品法庭在1989年与当时流行的司法理念是多么背道而驰,"天普大学(Temple University)教授约翰·S.戈德坎普(John S. Goldkamp)写道,"在更广泛的全国法院系统来看,克莱恩法官支持将治疗措施作为法院的策略——这又被视为对复归社会理念的支持——是多么的不合时宜,因此应者寥寥。"①

迈阿密毒品法庭首先选择从风险相对较低的对象开始:因涉嫌持有毒品的严重犯罪而首次被逮捕的被告人(后来,少量重复犯罪的被告人也加入其中)。为了能从毒品法庭"毕业",被告人必须完成三个阶段的治疗:短暂的排毒过程(detoxification)、门诊戒瘾治疗(outpatient drug treatment)和后续由技能培训和教育辅助组成的阶段。这三个阶段加起来一般会持续一年的时间,当然,在此过程中的复吸会导致整个过程重新开始。此外,主持迈阿密毒品法庭的斯坦利·戈德斯坦法官(Judge Stan-

---

* "三振出局"法的名称采用了棒球运动中的"三振出局"规则,又称为严惩惯犯法。所谓"三振出局",就是对犯有三次重罪(三振)的犯人从严判刑,直至判处终身监禁,使之不再有重返社会再次犯罪的可能(出局)。强制性最低刑期量刑是指,通过限制法官从轻处刑的自由裁量权,要求法官对法律规定的具体罪行一律处以所规定的最低刑期,但对最高刑期不作出硬性规定,可由法官自行决定。诚实判决立法的实质在于限制暴力犯罪中假释的适用,是指因暴力犯罪而被判处徒刑者,必须在服完一定比例的刑期后(通常规定为所判最高刑期的85%),方可获得假释。此三项措施和其他一些类似的措施,改变了美国不定期刑判决此前的主导地位,也被称为刑罚领域的"严厉革命"(Severity Revolution)。更多相关内容可参见韩铁:《二十世纪后期美国刑罚领域的"严厉革命"》,载《历史研究》2012年第6期。——译者注

① Goldkamp, John S. 2003. "The Impact of Drug Courts." *Criminology & Public Policy* 2(2): 197—206.

ley Goldstein)还可以运用一系列程度不同的惩罚和奖励措施来鞭策被告人,包括对处于治疗过程中但药检呈阳性的被告人,可以判处为期两周的刺激性的监禁刑。毒品法庭对参与其中的毒品犯罪被告人施以"胡萝卜加大棒"式的软硬兼施策略。"大棒"就是对那些最终未能通过戒瘾治疗的被告人会判处长期的监禁刑。而对于那些通过戒瘾治疗的人来说,奖励则非常诱人:原来的犯罪指控会被撤销或降格。这种惩罚和帮助并用的方法吸引了从自由主义到保守主义这一意识形态图谱上的所有人。

毒品法庭的理念很快流行起来。到1993年,另外9个司法管辖区已经设置了自己的毒品法庭,而120个司法管辖区则已经到迈阿密考察了毒品法庭如何具体运作。对毒品法庭实际效果的第一项评估成果发表于1993年,并为毒品法庭的支持者提供了论据:参与迈阿密毒品法庭戒瘾治疗的人,不仅重新犯罪率有所下降,而且,即使是其中那些后来又因涉嫌犯罪被逮捕的人,在与之前犯罪的间隔时间方面也要比对比组延长两到三倍。[1] 不久以后,这些积极的效果吸引了来自丹佛和明尼阿波利斯的两位法官的注意。

巨大的动力

迈耶和伯克在1984年成为法官的时候,他们绝对没有想到,他们的职业生涯会以试图改变当地法院系统应对毒品犯罪的方式而终结。

---

[1] *The New York Times*, "Miami Tries Treatment, Not Jail, in Drug Cases." February 19, 1993.

迈耶是一个才华横溢的法官，并以善于处理复杂案件而著称。"迈耶是我曾经共事过的三个最棒的庭审法官之一，"丹佛市的检察官格雷格·朗（Greg Long）说，"他是那种当你和他提出某个动议时就已经知道相应的法律和所有判例的法官。"在朗看来，毒品肆虐的问题正在不断侵蚀丹佛，这使迈耶走上了一条与众不同的道路："大部分法官喜欢处理那些与法律有关的优雅的事情，但这却注定是比尔的使命。我认为毒品法庭也彻底改变了比尔·迈耶这个人。"①

在被任命为明尼阿波利斯的法官之前，伯克对成为法官并不特别感兴趣。"这不是我的人生目标，"他说。② 他认为，他最多只会在法官的岗位上干几年，然后到私人行业开拓更好的事业。然而，他很快在法官这个工作岗位上步入正轨，并被选举为三任的助理首席法官（assistant chief judge）和四任的首席法官。

迈耶和伯克的性格在多方面都很相似，对于自己的分析非常自信，并会为了自己的想法义无反顾。对认识他们的人来说，他们能够争取到对毒品法庭的支持并不奇怪。"凯文就是巨大的动力，"1990 年成为亨内平郡法官的露西·维兰德（Lucy Wieland）说，"如果没有他，（毒品法庭）根本不可能出现。"③ 事实上，伯克确实有能力在亨内平郡建立一个毒品法庭的系统，这个系统里包括三个专职的毒品法庭法官、七个专职的检察官、七个辩护律师、缓刑官以及医疗工作人员。

在丹佛，迈耶游说了地区法院的首席法官并说服他

---

① 2008 年 10 月 7 日对格雷格·朗的访谈。
② 2008 年 9 月 24 日对凯文·伯克的访谈。
③ 2008 年 10 月 22 日对露西·维兰德的访谈。

赞同毒品法庭的尝试。迈耶的说法综合了理想主义和实用主义:毒品法庭不仅仅是一项应当去做的正确的事情,而且可以减轻其他六位地区法院法官的审案压力,因为可以将毒品犯罪案件从他们的待审案件清单中挪走。他的逻辑很简单。"为了使毒品法庭的工作能顺利开展,我知道我必须告诉别人,这么做对他们有什么好处,"迈耶说。① 在早期的一位关键支持者——地区检察官比尔·里特(Bill Ritter,现在已经是科罗拉多州的州长)的帮助下,迈耶获得了联邦政府的资助,设立了一个毒品法庭并自愿成为毒品法庭的第一位法官。

虽然迈阿密毒品法庭是迈耶和伯克灵感的来源,但他们都希望能在迈阿密模式的基础上再有所突破。与迈阿密毒品法庭以及全国其他大部分地方的毒品法庭不同,丹佛和明尼阿波利斯的毒品法庭受理案件的范围并不局限于被告人属于非暴力、低风险这一狭窄的范围。除了处理更多的案件以外,这两个地方的毒品法庭在设施上更为完备,还能够举行正式的审理、动议听证(motion hearings)以及其他一些并不属于毒品法庭这一模式所应当开展的典型程序。数量庞大的案件因此接踵而来。与其他毒品法庭年均只处理93个被告人的案件相比,丹佛和亨内平郡的毒品法庭每年处理的案件量在2500到4000件之间。"我们在一周内处理的案件要比其他毒品法庭一年内处理的案件都多,"曾经在毒品法庭工作的丹佛检察官格雷格·朗说。②

将一个全新的理念付诸实施通常都需要巨大的精力和热情。在丹佛,迈耶法官使毒品法庭从早上七点运作

---

① 2008年9月24日对比尔·迈耶的访谈。
② 2008年10月7日对格雷格·朗的访谈。

到晚上七点半。"我在毒品法庭工作的那段时间是我人生中工作最努力的时候,"丹佛的公设辩护人查理·加西亚(Charlie Garcia)说。① 努力工作的回报也令人振奋。在丹佛,毒品法庭定期为那些完成整个戒瘾治疗的被告人举办"毕业典礼"。"在毕业典礼上,我们唱着摇滚歌曲,真的很不可思议,"曾担任丹佛毒品法庭协调员(coordinator)的亚当·布里克纳(Adam Brickner)回忆道,"我们每6个星期就会有60—80人毕业,这些毕业典礼有令人难以置信的强大力量。"②

有一项研究显示,毒品犯罪嫌疑人在被逮捕后,如果能尽快开展戒瘾治疗,则更有可能完成整个戒瘾治疗。在这项研究的基础上,伯克在明尼阿波利斯设定了加快流程的目标。对于一个之前处理一起毒品犯罪通常需要6个月的地方来说,这是一个巨大的变化。"如果一个人在周日被逮捕,那么周一就会出现在毒品法庭上,周一晚上就将被转介至戒瘾治疗,"毒品法庭协调员丹尼斯·米勒(Dennis Miller)回忆说。③ 这一同样为比尔·迈耶所确立的目标,在明尼阿波利斯和丹佛大大提高了处理毒品犯罪的效率并节约了成本。在明尼阿波利斯,最终需要被告人出庭就毒品重罪案件进行审理的案件数量减少了一半,同时,在逮捕与最终量刑作出之间的时间间隔也急剧缩短,从原来的平均4—6个月缩短至4个星期。④ 在丹佛,加速处理案件的流程也减少了7—14天的审前

---

① 2008年9月29日对查理·加西亚的访谈。
② 2008年10月8日对亚当·布里克纳的访谈。
③ 2008年9月22日对丹尼斯·米勒的访谈。
④ Ericson, Rebecca, Sarah Welter, and Thomas L. Johnson. 1999. "Evaluation of the Hennepin County Drug Court." Minneapolis: Minnesota Citizens Council on Crime and Justice.

羁押时间,这能每年节省 180 万美元到 250 万美元的监禁成本。①

继续前行

在丹佛,比尔·迈耶法官担任毒品法庭法官两年半之后卸任了。"比尔认识到,从长远发展来说,应当让毒品法庭不仅仅是他自己一个人的法庭,"亚当·布里克纳说。② 但是只有一个问题:在所有的司法人员中,没有其他人像迈耶那样对毒品法庭抱有极大的热忱。"其他法官可以补充进来,"格雷格·朗说,"但没有人会像他那样如此努力地工作。"③

事实上,即便是最具责任感的法官也可能会发现,继续迈耶的事业是一件非常困难的事情。很快,丹佛市吸纳毒品犯罪被告人进行戒瘾治疗的能力就已经不能满足毒品法庭的需要了。根据 2001 年的一项研究,就在解除酒瘾和毒瘾方面投入的经费来说,科罗拉多州(丹佛是科罗拉多州首府和最大的城市——译者注)在全美排名倒数第二。在 1998 年,科罗拉多州在这一方面的投入仅为 54.8 万美元,而新墨西哥州的投入则为 1100 万美元。"毒品法庭没有办法履行它的使命,"来自科罗拉多刑事司法改革联合会(Colorado Criminal Justice Reform Coalition)的评论家克里斯汀·唐纳(Christine Donner)告诉

---

① Granfield, Robert, Cynthia Eby, and Thomas Brewster. 2002. "An Examination of the Denver Drug Court: The Impact of a Treatment-Oriented Drug-Offender System." *Law & Policy* 20(2): 183—202.
② 2008 年 10 月 8 日对亚当·布里克纳的访谈。
③ 2008 年 10 月 7 日对格雷格·朗的访谈。

当地的一位记者,"用于戒瘾治疗的经费根本不够。"①

与此同时,虽然丹佛的毒品法庭本身就以办理案件数量巨大而著称,但警务工作方面的变化所带来案件量的增长仍然使毒品法庭不堪重负。1995年,也就是在毒品法庭开始运作的第二年,科罗拉多落基山脉棒球队(Colorado Rockies)的主场库尔斯球场(Coors Field)在丹佛市中心落成。新体育场馆的落成刺激了当地的重新开发,之前的工厂仓库被改造成为阁楼式的公寓。新搬入这一地区的居民要求警察对于当地日益猖獗的毒品交易采取有效的控制措施,这导致对于毒品犯罪进行了更为严厉的打击。总之,1996年毒品犯罪在丹佛的刑事案件总数中占据了一半以上,而在1993年则仅占28%。② 这一情况实际上导致毒品法庭仅有的一位法官,事实上处理的却是丹佛一半的重罪逮捕案件,毒品法庭因此压力倍增。

到1999年,丹佛毒品法庭每日处理的案件已经高达95件,这包括新收案件的聆讯程序(arraignments)*、进展状况听审和正式的审判。"管理待审案件清单占用了所有可用的时间,"前毒品法庭协调员亚当·布里克纳说,"这对那些不习惯如此大办案量的法官来说是很困难的事情。"③起初,接替迈耶的法官只是被要求在短期内担

---

① *Denver Westword News*, "A Chemistry Experiment."
② Hoffman, Morris B. 2002. "The Denver Drug Court and Its Unintended Consequences." In *Drug Courts in Theory and in Practice*, edited by James L. Nolan, Jr. (67—87). New York, Aldine de Gruyter.
* 在美国刑事诉讼中,聆讯是犯罪嫌疑人被正式起诉后,作为被告人第一次被带至庭审法官面前。聆讯程序的主要内容包括:保证被告人获得起诉书的复印件、告知被告人被指控的内容以及询问被告人对指控有何答辩。被告人可以作出有罪答辩、无罪答辩和不做争议的答辩。——译者注
③ 2008年10月8日对亚当·布里克纳的访谈。

任毒品法庭法官,之后他们就会回到原岗位继续从事原来的审判工作。可是几年内就很难找到自愿担任这一职位的法官了。"除了精力旺盛的创始人,没有人能够在丹佛毒品法庭担任法官超过一年,"毒品法院坚定的反对者——丹佛地区法院法官莫里斯·霍夫曼(Judge Morris Hoffman)写道。①

针对这一情况,毒品法庭也尝试减轻办案的压力。但是,减少受理案件的数量却违反了最初的"来者不拒"(take all comers)的理念。例如,1997年2月,作为迈耶的继任者,约翰·考夫林法官(Judge John Coughlin)宣布,将不再受理犯罪嫌疑人系非法移民或二度实施重罪的案件,以此来减少毒品法庭25%的办案量,而这一决定又使毒品法庭最初的支持者们感到沮丧。"我们开始'择优'选择犯罪嫌疑人了,"公设辩护人查理·加西亚说。②此外,毒品法庭还聘请了两位兼职的治安法官(可以行使法官的部分而非全部职能的准司法官员)来承担毒品法庭法官的部分职责,例如对具体被告人戒瘾治疗过程的监督。

2000年5月则宣布了另一项更具根本性的变化:所有毒品案件的初次到庭(initial hearings)将从毒品法庭所在的丹佛地区法院转至郡法院(county court)进行。* 郡法院的任务是区分两类案件:一是被告人愿意做有罪答辩并因此可能进入戒瘾治疗流程的案件;二是被告人希

---

① Hoffman, Morris B. 2002. "The Denver Drug Court and Its Unintended Consequences." In *Drug Courts in Theory and in Practice*, edited by James L. Nolan, Jr. (67—87). New York: Aldine de Gruyter, p. 1504.

② 2008年9月29日对查理·加西亚的访谈。

* 在美国刑事诉讼中,初次到庭是指被逮捕的人应当不迟延地被带到法官(或其他指定的司法官员)面前。初次到庭程序的主要内容包括:法官决定逮捕是否有合理的根据、法官告知被逮捕人被指控的罪名和他享有的宪法权利以及法官决定是否释放被逮捕人及保释的条件。——译者注

望通过正式审判确定其刑事责任的案件。如果一个案件可能进行正式的审判，被告人将会被安排到毒品法庭以外的另一个地区法庭进行审理。在很多方面，这一做法是有道理的，因为这会帮助毒品法庭专注于监控处于戒瘾治疗过程中的被告人。但是，由于在将被告人转介至戒瘾治疗的过程中额外增加了几个星期的时间，这一做法却又破坏了及时与早期干预的原则。

即使有了这些改变，毒品法庭仍然受困于其庞大的案件量。例如，被告人未按时到庭时签发的法庭传票（bench warrants）开始堆积如山，导致这一结果的原因不仅仅是因为毒品法庭案件数量巨大，还因为与普通刑事法庭相比，毒品法庭会在持续的一段时间内要求被告人多次到庭。作为意外后果定律（law of unintended consequences）的一个例子，毒品法庭多次到庭的要求为被告人额外提供了不按时到庭的机会。＊ 在莫里斯·霍夫曼看来，接替迈耶的毒品法庭法官限制审理被告人经由法庭传票传唤到庭案件的数量，这就意味着被告人在见到法官前可能需要在看守所里关上 2—3 个星期。①

丹佛毒品法庭的这些改变最终将部分工作转移给了其他地区法庭。这些地区法庭需要承担一些毒品案件的法庭审理、动议听审和其他工作，而这些工作之前都是由迈耶所在的毒品法庭来承担的。从这个角度来说，"丹佛毒品法庭不但没有减少，反而增加了其他法庭的工作

＊ 意外后果定律是指出发点很好的做法可能会带来一些意外的后果。与普通刑事法庭相比，毒品法庭要求被告人更多地回到法庭并进行毒品检验，却可能带来被告人更多次的不按时到庭的结果。——译者注

① Hoffman, Morris B. 2000. "The Drug Court Scandal." *North Carolina Law Review* 78(5): 1504.

量,"莫里斯·霍夫曼认为。①

  回头来看,似乎很明显的是丹佛司法系统对于毒品法庭的支持远远不够。"从一开始缺乏支持就是一种失败,"丹佛检察官格雷格·朗说。② 丹佛毒品法庭协调员亚当·布里克纳则认为,"其他法官感觉,毒品法庭就像是比尔·迈耶自己家的婴儿,而不是他们所支持的事情。"③当其他法官仅仅在私下里对毒品法庭提出质疑时,莫里斯·霍夫曼法官则公开地提出批评,撰写了一篇名为"毒品法庭丑闻"的法律评论文章,对丹佛毒品法庭进行苛刻批评,之后又声称"丹佛毒品法庭实验的错误非常可怕"。④

  对于迈耶和里特来说,这种对毒品法庭所采取的敌对态度让他们很受伤。在2001年,迈耶和里特发表了一篇文章,对莫里斯·霍夫曼的批评作出了回应,指出一些证据能够说明,从长远来看,毒品法庭在减少重新犯罪和鼓励被告人参与毒品戒瘾治疗方面已经取得了一些成功。⑤ "我并不是说毒品法庭是完美的,但它优于其他办法,"迈耶告诉丹佛的一位记者,"很明显,毒品法庭要优于地区法院里的反对者提出的那些解决办法。"⑥

  但是迈耶的努力来得晚了些。当联邦的资助在2002

---

  ① Hoffman, Morris B. 2002. "The Denver Drug Court and Its Unintended Consequences." In *Drug Courts in Theory and in Practice*, edited by James L. Nolan, Jr. (67—87). New York: Aldine de Gruyter.
  ② 2008年10月7日对格雷格·朗的访谈。
  ③ 2008年10月8日对亚当·布里克纳的访谈。
  ④ Hoffman, Morris B. 2002. "The Denver Drug Court and Its Unintended Consequences." In *Drug Courts in Theory and in Practice*, edited by James L. Nolan, Jr. (67—87). New York: Aldine de Gruyter.
  ⑤ Meyer, William G., and A. William Ritter. 2001. "Drug Courts Work." *Federal Sentencing Reporter* 14(3/4): 179—185.
  ⑥ *Denver Westword News*, "A Chemistry Experiment."

年到期后,地区法院利用这一时机对毒品法庭进行了大幅的限缩。毒品法庭的法官不再审理所有的毒品犯罪案件,毒品案件被平均分配到丹佛地区法院的七个法庭,并由两位兼职的治安法官根据需要来监控数量有限的转介至毒品戒瘾治疗的被告人。这对于一些毒品法庭最热情和强有力的支持者来说,实在是大失所望。2006 年,在里特成功竞选州长的前夕,《丹佛邮报》(*The Denver Post*)刊载了一篇长篇的人物介绍文章。在这篇文章中,里特为了获得法官们在政治上的支持,提到了毒品法庭的失败,并将其视作其担任丹佛地区检察官时最大的遗憾。①

明尼阿波利斯的完美风暴

在明尼阿波利斯,反对毒品法庭的声音则来自另一方面:法律执行部门。

从一开始,伯克法官就想设立一个不同于迈阿密初创模式的毒品法庭。在迈阿密,毒品法庭故意被设计为非对抗式的(non-adversarial)——换句话说,一旦被告人同意进入戒瘾治疗项目,检察官和被告人的辩护律师就不再是互相对抗与竞争的对手,转而携手为实现帮助被告人戒毒这一共同目的而努力。迈阿密毒品法庭减少法庭对抗性的一个方法就是把被告人认罪作为启动戒瘾治疗的必备条件之一,这意味着有罪或无罪的问题在毒品法庭受理案件之前实质上已经解决了。因此,检察官就拥有了相当大的自由裁量权,可以影响到哪些被告人符

---

① *The Denver Post*, "Profile: Bill Ritter—Former DA Follows Own Path." July 29, 2006.

合毒品戒瘾治疗的条件。在案件进入法庭之前,迈阿密毒品法庭在解决潜在的分歧方面下了很大工夫。

伯克则不想使毒品法庭采用非对抗、"团队式"的工作方式。与迈阿密的情况有所不同,明尼阿波利斯的所有毒品犯罪被告人,包括那些涉嫌最严重的一级或二级重罪的被告人,都有资格进行戒瘾治疗。伯克相信,在决定哪些被告人应当由毒品法庭审理的问题上,法官不应赋予检察官过大的决定权。这就意味着,伯克以及其他继任法官常常会不顾希望判处被告人监禁刑的检察官的不满,而判处被告人进入戒瘾治疗。[①] 此外,伯克还允许进入毒品戒瘾治疗的被告人仍然保留他们获得完整审判的权利。这对于伯克来说是一项重要的原则,因为他坚信"生活在市中心的黑人,不应该被要求在戒瘾治疗和宪法赋予他们的权利中间只能二选一"。[②]

这些与迈阿密毒品法庭模式上的区别不可避免地导致了法庭审理过程中的紧张气氛。亨内平郡毒品法庭检察官盖尔·贝埃斯(Gail Baez)说:"从一个检察官的立场来看,我们对于案件毫无掌控能力。"[③]来自检控方的抱怨很快产生这样一种感觉——毒品法庭对被告人很"软弱",这是一个严重损害毒品法庭威信的问题。在伯克担任毒品法庭法官期间,这些由来已久的紧张关系还能够得到控制,但伯克于 2000 年离任后,情况就完全不同了。"在伯克之后审理案件的法官真的丧失了法律执行部门的信任,"盖尔·贝埃斯说,"毒品法庭被持续不断的愤怒

---

① 公平地说,并非只有毒品法庭存在这种状况:明尼苏达州的法官长期习惯于不按照该州所制定的量刑指南或检察官的量刑建议来量刑。
② 2008 年 9 月 24 日对凯文·伯克的访谈。
③ 2008 年 10 月 8 日对盖尔·贝埃斯的访谈。

点燃了。"①和在丹佛发生的事情一样,首任法官的离任都给毒品法庭以沉重的打击,这都说明有争议的具体操作方法和错误确实在一开始的时候就已经存在。

在毒品法庭协调员丹尼斯·米勒看来,伯克离任后,警察部门和检察官对毒品法庭的态度从之前的私下里的反对变成了公开的直言不讳的批评。② 事实上,毒品法庭最初最重要的一些卖点——对于毒品犯罪的综合治理以及快速处理案件的能力——最终却成为攻击毒品法庭的理由。"当我开始在毒品法庭工作时,我看到具体案件的处置方法后感到担忧和压抑,"盖尔·贝埃斯说。* 当时的感觉是,"任何人和所有人"的案件都可以进入毒品法庭审理。贝埃斯的同事简·拉农(Jane Ranum)分享了她的看法。拉农在明尼苏达州立法机关工作 16 年后,于 2006 年回到亨内平郡法院检察官办公室工作。"我完全惊呆了,"拉农说,"法官对于明显是暴力犯罪的被告人也判处戒瘾治疗。"③

警察们也同样开始抱怨他们所看到的毒品法庭的处理方法。"所有经由毒品法庭审理的人,几个小时以后都被释放了,"明尼阿波利斯警察局队长玛丽·普金斯基(Marie Przynski)说,"毒品法庭没有区分毒贩子和吸毒者。"④

这些问题最终进入了公众的视野。普金斯基回忆,在 2002 年 4 月举行的一次社区会议中,参与人全部是希

---

① 2008 年 10 月 8 日对盖尔·贝埃斯的访谈。
② 2008 年 9 月 22 日对丹尼斯·米勒的访谈。
* 盖尔·贝埃斯这句话关注的是毒品法庭并不筛选应当进入毒品法庭的适当的案件。——译者注
③ 2008 年 9 月 24 日对简·拉农的访谈。
④ 2008 年 10 月 8 日对玛丽·普金斯基的访谈。

望表达对毒品法庭不满情绪的当地居民,一名毒品法庭的法官也应邀与会。"法官参加这个会议勇气可嘉,"普金斯基说。① 《明尼阿波利斯论坛报》(Minneapolis Star-Tribune)保守派专栏作家凯瑟琳·克斯滕(Katherine Kersten)甚至指责,毒品法庭使明尼阿波利斯2005年的暴力犯罪数量提升了15个百分点。克斯滕引用了当地警察局有组织犯罪调查队一位警官的话:"毒品法庭正在使我们沦陷。毒品是这个城市许多犯罪发生的潜在原因。虽然今天我们逮捕了毒贩,但他们很快就又会回到街上。"与这位警官煽动性的指控相联系的一个事件是,一个臭名昭著的毒贩在因为涉嫌五项相互独立的重罪被逮捕后,毒品法庭仅仅判处其几个星期的监禁。②

　　逐渐地,毒品法庭失去了当地核心官员的支持,包括市长、郡检察长和首席公设辩护人。"这是一场完美的风暴(perfect storm)*,"伯克说,"所有的参与者都更换了,他们不再支持毒品法庭。"③ 2004年接替伯克成为亨内平郡法院首席法官的露西·维兰德则认为,毒品法庭已经变成了一种政治上的责任,"民选官员和警察真的怨气冲天"。④

　　伯克认为,有关毒品法庭对于犯罪过于软弱的批评是不公平的。例如,报纸专栏里的批评文章中提到的毒品案件犯罪者实际上被羁押的时间是400天,而不是文

---

　　① 2008年10月8日对玛丽·普金斯基的访谈。
　　② Minneapolis Star-Tribune, "Two Big Problems Are the Root Causes of Rising Crime." June 15, 2006.
　　* 在英语中,perfect storm 常常指代一系列汇聚在一起发生的使情况恶化的事件。此处意指同时发生了一系列不利于毒品法庭的事件。——译者注
　　③ 2008年9月24日对凯文·伯克的访谈。
　　④ 2008年10月22日对露西·维兰德的访谈。

章里所说的 40 天,伯克也敦促报纸刊登了一则小篇幅的撤回原来文章的声明。① 一般来说,明尼苏达州(该州是全美国监禁刑适用率最低的几个州之一)的法官总是不太愿意将毒品犯罪被告人判处进入州监狱服刑。② 毒品法庭法官"偏离"检察官的量刑建议判处刑罚这一不太普遍的做法,实际上也并不是毒品法庭或者亨内平郡法院的独创。"在毒品法庭设立之前,毒品犯罪被告人也不会去监狱服刑,"露西·维兰德说,"对于毒品犯罪来说,法官判处刑罚偏离检察官量刑建议的比率在全明尼苏达州都非常高。"③

不过,在亨内平郡,感觉却变成了现实。在法律执行部门批判毒品法庭这一表面问题之下,却是另一个令人不安的现实:经过近十年的运转,毒品法庭已经趋于瓦解。在最鼎盛时,毒品法庭需要处理大约 4000 个案件。每一位缓刑官手里都有超过 200 个案件,这是一个难以管理的数量。"逐渐地,我们的案件量越来越大,但我们的预算却没有同步增长,"丹尼斯·米勒说。④ 有关如何处置被告人的决定越来越多地被随意作出。"没有关于被告人究竟是吸毒者还是贩毒者的评估筛选机制,也没有关于被告人究竟是药物依赖还是药物滥用的评估筛选机制,"曾经在毒品法庭担任公设辩护人的托德里克·巴内特说。⑤

---

① 2008 年 9 月 24 日对凯文·伯克的访谈。
② Warren, Jenifer. 2008. "One in 100: Behind Bars in America 2008." Washington, DC: Pew Center on the States. http://www.pewtrusts.org/~/media/legacy/uploadedfiles/pcs_assets/2008/One20in20100pdf.pdf.
③ 2008 年 10 月 22 日对露西·维兰德的访谈。
④ 2008 年 9 月 22 日对丹尼斯·米勒的访谈。
⑤ 2008 年 10 月 22 日对托德里克·巴内特的访谈。

2005年,维拉德法官邀请辛辛那提大学(University of Cincinnati)的艾德·莱特沙(Ed Latessa)教授对毒品法庭的效果进行评估,这也是露西·维兰德法官担任联合主席的全郡药物依赖工作组的一部分工作。艾德·莱特沙的评估结果并不理想。"毒品法庭试图为每个人提供一切帮助,"他说,"但结果却很糟糕。"①

　　在运作十多年后,亨内平郡毒品法庭对于防止重新犯罪的效果——如果有效果的话——仍不明确:唯一一项有关这一问题的研究显示,与对比组相比,经由毒品法庭处理的毒品犯罪被告人重新被逮捕的可能性略高,虽然这种差异并不具有统计上的显著性。②

　　在这十年中,亨内平郡毒品法庭的发展轨迹并不如意。正如托德里克·巴内特回忆的,在他作为公设辩护人加入毒品法庭时,驱动这一项目最初产生的火花已经消失殆尽。"在为什么需要设立这个特别的毒品法庭方面,我不觉得毒品法庭的参与者有相同的理念,或者好的理念,"他说,"我不觉得我们有一个共同的明确的目标。"③

　　2008年,露西·维兰德法官宣布,计划对毒品法庭进行彻底的改造,将毒品法庭的受案范围限于已经被认定为药物依赖并且有再犯风险的被告人。④ 与之前受理所有毒品案件的毒品法庭相比,明尼阿波利斯仅保留了最多受理几百件案件的一个单独的审判庭。伯克法官有关

---

① 2008年9月29日对艾德·莱特沙的访谈。
② Ericson, Rebecca, Sarah Welter, and Thomas L. Johnson. 1999. "Evaluation of the Hennepin County Drug Court." Minneapolis: Minnesota Citizens Council on Crime and Justice.
③ 2008年10月22日对托德里克·巴内特的访谈。
④ *Minnesota Public Radio*, "Courting Changes."

毒品法庭的雄心勃勃的愿景就此终结。

刑事司法改革的政治性

在这个国家，司法机关应当独立且与政治绝缘是一种强大的观念。对很多观察家来说，政治与法院就是油和水的关系——两种永远都不能掺合在一起的物质。例如，大法官会议（Conference of Chief Judges）和美国律师协会（American Bar Association，ABA）就强烈反对法官经由选举产生的做法，并认为这种做法会"危及公众对于我们国家法院的信任"（美国律师协会的评论）。根据美国律师协会的分析，问题的关键在于，将法官纳入政治过程会"使法官作为中立裁决者的地位与立法者和行政官员的政治地位之间的界限模糊不清"。这导致的结果是，"公众开始将法官视作与其他政治家一样的人"。①

认为法院在基本与政治无涉的状况下能最好地开展工作的观念有很长的历史。例如，亚历山大·汉密尔顿（Alexander Hamilton）对于司法机关的特征曾有过著名的概括，他将司法机关称为政府中"最不危险的部门"，因为司法机关既没有行政部门指挥军队的权力，也没有立法部门控制预算的权力。汉密尔顿的这一判断曾被无数次地引用，用于警醒这一点：法院想要生存下去，就必须被公众视为有能力超越狭隘政治的中立裁决者。

但是对凯文·伯克来说，认为政治和法院不能掺和

---

① American Bar Association, Division for Public Education. 2008. "The Independence of the Judiciary." Law Day 2008 Speech Ideas/Talking Points. http://www.abanet.org/publiced/lawday/talking/judicialelections.html.

在一起的观点如果走向极端同样也会产生误导。"如果你把政治预设为一种不好的东西,那么反对政治化的司法制度就说得通,"他说,"但如果你将政治视为一种开创新的愿景并推动人们走向你的新愿景的艺术,那么政治化的司法制度就是一种好东西。"①

在组织、建立联盟并回应社区的关注方面,丹佛和明尼阿波利斯毒品法庭是政治在刑事司法改革中发挥作用的很好案例。迈耶和伯克所带来的,不仅仅是针对丹佛和明尼阿波利斯与毒品相关的犯罪问题,来精心设计解决方案的能力,而且也带来了撬动权力杠杆、推动人们和程序按照他们设计的愿景前进的能力。换句话说,他们带来了极大的政治技巧。考虑到改变法院处理案件的方式是如此困难,他们所有的努力都多么令人印象深刻。伯克就认为,"司法机关天生就是一个保守的机构,这使承担风险非常困难"。②

司法体系与其他人类努力开拓的领域并无二致。仅有好的想法远远不够——你必须具有策略性,并搞明白如何才能推动体系的发展。正如我们在第一章"同意搜查"项目一波三折的历史中所看到的那样,政治因素可以拯救一个项目于水火,也可以使一个项目万劫不复。丹佛和明尼阿波利斯毒品法庭也同样如此。如果说这两个毒品法庭最初的成功,很大程度上是建立在它们魅力无穷的创立者的政治智慧基础之上的,那么它们最终的失败同样受到政治因素的影响。在丹佛和明尼阿波利斯,比尔·迈耶和凯文·伯克能够基于他们自己的意愿,使毒品法庭开始运转,但对于毒品法庭的长期生存,他们却

---

① 2008 年 9 月 24 日对凯文·伯克的访谈。
② 同上。

无法组建起必备的具有持久性的联盟。当有机会使毒品法庭关张时,丹佛的法官和明尼阿波利斯的警察和检察官毫不犹豫就这么做了。简单来说,迈耶和伯克的政治联盟还不够强大。

在丹佛和明尼阿波利斯,对毒品法庭支持的崩塌很大程度上是失败的继任计划所导致的。考虑到毒品法庭法官的象征意义和实际能力,毒品法庭创立者的离任不啻是一种致命的打击。例如在丹佛,结果证明,对于毒品法庭的支持实际上都建立在极其脆弱的基础之上:比尔·迈耶如同超人般长时间工作的意愿。"比尔离任后,毒品法庭每年都要更换一位新的法官,"丹佛公设辩护人加西亚说,"没有一位法官像比尔一样工作那么卖力。"①

丹佛检察官海伦·摩根(Helen Morgan)也认同这样的观点:毒品法庭"不能集中于一个或两个人,而应该是一种新鲜血液可以进入并不断繁荣发展的项目"。②但丹佛的情况却并非如此。"(从丹佛毒品法庭吸取的)教训是不能把所有的鸡蛋都放到一个篮子里,"法庭协调员迈尔斯·弗莱舍(Miles Flesche)说,"如果迈耶能够吸收更多的法官参与,(毒品法庭)就会过渡得更容易些。"③

一次又一次,改革措施因为无法解决好继任的问题而步履艰难。无论愿意与否,任何成功的创新措施的初创者最终都会离开。但许多项目都对这个可能发生的事情缺乏准备。在回顾失败的警政方面的创新措施时,芝加哥大学(University of Chicago)教授韦斯利·斯科甘(Wesley Skogan)指出,领导者之间如何过渡的问题是导

---

① 2008年9月29日对查尔斯·加西亚的访谈。
② 2008年10月10日对海伦·摩根的访谈。
③ 2008年11月25日对迈尔斯·弗莱舍的访谈。

致失败的重要原因。"如果改革要继续下去,"斯科甘总结道,"精明的改革者必须确保,改革措施是部门甚至整个城市的项目,而不仅仅是他们自己的项目。"①

　　如果丹佛和明尼阿波利斯的毒品法庭试点能有更好的设计和操作的策略,它们没准不会因为创始人的离开以及脆弱的政治联盟而归于失败。对于受聘担任效果评估工作的学者艾德·莱特沙来说,明尼阿波利斯毒品法庭没有能够把他们的资源用于更具针对性的群体,也就是那些最能从强制性的戒瘾治疗中获益的毒品重罪案件的罪犯。"在那待了半天后,我很明显地发现,(毒品法庭)的工作并不有效,"他说。② 毒品法庭协调员丹尼斯·米勒也赞同莱特沙的评价。"我认为这是真的,我们过度关注低风险的人群而对于高风险人群关注不够,"他说。对于丹尼斯·米勒来说,毒品法庭决定对所有的参与者适用相同的治疗方法,这意味着未有效地运用它们有限的资源。"在我们的毒品法庭项目里,有些人再犯的可能性不大,但却被要求进行是否服用毒品的检测以及频繁地被要求到法庭报到,这些人实际上参与了一个要求过高而与其再犯可能性不相符的项目,"丹尼斯·米勒说,"我们还有一些参与者的再犯可能性很高,但在案件量巨大的情况下,我们却不能对他们开展与他们的风险程度相符的必需的社区监管。"③

　　对于伯克来说,明尼阿波利斯的检察官几乎从一开始就拒绝将一级和二级重罪案件纳入毒品法庭审理的案件范围。伯克担任毒品法庭法官时,基于检察官对他的

---

① Skogan, Wesley G. 2008. "Why Reforms Fail." *Policing and Society* 18(1): 23—34.
② 2008年9月29日对艾德·莱特沙的访谈。
③ 2008年9月22日对丹尼斯·米勒的访谈。

尊敬,这种分歧还能够被巧妙地处理。一旦他离任,情况就发生了变化。同样,迈耶认为毒品法庭的受案范围应该覆盖所有的毒品犯罪案件,对于这一点,他永远不会妥协,即使这意味着毒品法庭会面临非常辛劳并最终无力承担的工作量。

我不会称之为"失败"

到 2008 年,全美国已经成立了 2100 多个毒品法庭,并服务于将近 7 万的成年和未成年犯罪者。为数不少的研究显示,执行良好的毒品法庭能够降低再犯率,节约司法资源,并能使犯罪者的生活摆脱吸毒成瘾和犯罪的恶性循环。评估显示,毒品法庭降低再犯率的幅度从 8%—29% 不等。① 根据城市研究所(Urban Institute)的研究报告,毒品法庭每投入 1 美元会产生 2.21 美元的收益,每一年度对于社会的净收益达到 6.24 亿美元。② 总而言之,毒品法庭是极为罕见的真正有效果的刑事司法改革措施。

研究所发现的积极效果促使全国性的媒体给予毒品法庭强有力的支持,包括《纽约时报》和《今日美国》都进行了正面的报道。③ 毒品法庭还获得了民主党与共和党

---

① *The New York Times*, "Innovative Courts Give Some Addicts Chance to Straighten Out." October 15, 2008.

② Bhati, Avinash Singh, John K. Roman, and Aaron Chalfin. 2008. "To Treat or Not to Treat: Evidence on the Prospects of Expanding Treatment to Drug-Involved Offenders." Washington, DC: The Urban Institute.

③ *The New York Times*, "Innovative Courts Give Some Addicts Chance to Straighten Out." October 15, 2008; *USA Today*, "Our View on Crime and Punishment: Therapy with Teeth." October 21, 2008.

两党的共同支持,并获得了大量的来自联邦政府的资助。自《1994 年犯罪法案》(1994 Crime Bill)通过以后,数以亿计的资助从首都华盛顿流向全国各地的毒品法庭。约翰·麦凯恩(John McCain)和巴拉克·奥巴马(Barack Obama)在 2008 年总统选举过程中都表示支持毒品法庭,这进一步凸显了共和党和民主党对毒品法庭的共同支持。

在毒品法庭取得广泛成功的背景下,丹佛和明尼阿波利斯则是其中的另类,尤其是在大多数毒品法庭所取得成就的映衬下显得尤为突出。大多数毒品法庭都成功地解决了下列问题,诸如充满魅力的法官的离任、戒瘾治疗被视为应对犯罪的软弱手段以及从长远的角度如何设计具体策略和程序来保障毒品法庭运转的有效性。

公平地说,丹佛和明尼阿波利斯的毒品法庭改头换面后仍然存在。2007 年,丹佛市议会拨款 120 万美元,以拯救行将就木的毒品法庭。新做法背后的理念是,授权治安法官来处理毒品法庭的案件,允许他们判处被告人缓刑。检察官海伦·摩根认为,这种做法已经把从之前的失败中吸取的教训考虑在内了。一方面,通过授权治安法官负责毒品法庭,就回避了丹佛司法体系内部缺乏对毒品法庭的支持这一问题。"人们开始申请毒品法庭治安法官的职位,"她说,"这是他们希望出现的结果。"此外,摩根还认为,丹佛还认真设计了一整套有关毒品法庭如何运转的方案和协议,目的是避免毒品法庭在关键人员离任时可能发生的变故。"总会有一个或两个(使创新措施得以开展)的驱动者,"摩根说,"这非常棒,但你知道这些人不会永远存在。现在,如果一个新的首席缓刑官到任并想改变(毒品法庭)处理案件的优先顺序,我们就可以告诉他,我们已经就这一问题有了明确的规定。"①

一个更小规模的毒品法庭依然在亨内平郡运作着,由前任检察官皮特·卡希尔(Pete Cahill)主持。这个毒品法庭有一位专职的法官和精心设计的案件准入指南,看上去更像典型意义上的毒品法庭,并获得了法律共同体的广泛支持。

虽然丹佛和明尼阿波利斯的毒品法庭再次复活了,但与迈耶和伯克所设计的最初模式相比,规模和受案范围缩小了很多。曾经主持过亨内平郡毒品法庭的亨内平郡地区法院法官加里·拉尔森(Judge Gary Larson)提出了这样的问题:"对于社区来说,是有一个可以容纳 4000 人进行戒瘾治疗但工作效果只能达到'B-'的毒品法庭好呢,还是有一个只能容纳 100 人进行戒瘾治疗但工作效果却能达到'A+'的毒品法院更好呢?"②这实在是一个令人难以回答的问题。

不过,值得注意的是,虽然存在各种问题,但丹佛和明尼阿波利斯的毒品法庭却存活了较长的时间。基于这一理由,伯克不愿意给他的毒品法庭贴上失败的标签。"我不会称之为失败,"他说,"毒品法庭在亨内平郡存续的时间比大多数百老汇舞台剧都要长。你会认为《金牌制作人》这部舞台剧失败吗?* 或许,刑事司法系统所需要的是大获成功但最终消亡的戏剧,而不是普通的细水长流式的演出。"③

---

① 2008 年 10 月 10 日对海伦·摩根的访谈。
② 2008 年 9 月 29 日对加里·拉尔森的访谈。
* 《金牌制作人》(The Producers)是一部基于电影改编的非常成功的百老汇音乐剧,首演于 2001 年并于 2007 年结束。——译者注
③ 2008 年 9 月 24 日对凯文·伯克的访谈。

第三章
停火行动的多样遗产

约翰·杰刑事司法学院教授大卫·肯尼迪成为学术明星的道路与众不同。与绝大部分专业的学者不同，他从未获得过高级别的学位。1980年毕业于斯沃斯莫尔学院（Swarthmore College）并获得哲学和历史学学士学位后，大卫·肯尼迪来到哈佛大学肯尼迪政府学院开始个案分析的工作。他对于警务工作本来没有什么特别的兴趣，但却被安排从事一项与警务有关的个案分析工作：对洛杉矶市警察局在该市公共住房项目（public housing projects）中开展的霹雳可卡因黑市管控工作进行分析。"这项工作使我进入到最糟的几个公共住房项目和中南部地区的可卡因黑市中去,"肯尼迪回忆道。①

肯尼迪对这一方面问题的兴趣自此产生,他自愿到一个离家较近的项目中工作。在20世纪90年代,波士顿正受困于一系列年轻人参与的谋杀案件中。② 许多居民和警察都感觉当时波士顿的一些社区已经沦陷于毒品和暴力之中。事情已经呈现出失控的状况。

"我们每晚都要处理6—7起枪击事件,"波士顿警察局打击青少年暴力犯罪行动组(Youth Violence Strike Force)的组长加里·弗兰奇(Gary French)探长说,"你总是刚离开犯罪现场就赶赴另一个犯罪现场。"黑帮的暴力犯罪似乎已经是不可控制的了。有一位地区法院的法官在审理一个案件的过程中,甚至要求调动国民警卫队(National Guard)来保护证人免受黑帮的恐吓。"我想,在很多人看来,波士顿是否还适宜居住已经成为一个需要考虑的问题了,"波士顿警察局局长保罗·埃文斯(Paul Evans)说。③

波士顿遏制黑帮暴力犯罪的努力被称为"停火行动"(Operation Ceasefire)。自1995年启动以来,停火行动逐渐成为过去25年里刑事司法领域最著名的创新措施之一。肯尼迪和两位哈佛大学的同事与经验丰富的警官及缓刑官合作,实施了一项有针对性的执法策略,使得青少年作为被害人的谋杀案下降了63个百分点。总的来说,波士顿谋杀案件的发案数,从1990年的152起直线下降

---

① 2008年11月10日对大卫·肯尼迪的访谈。
② Kennedy, David M., Anthony A. Braga, Annie M. Piehl, and Elin J. Waring. 2001. "Part I. Developing and Implementing Operation Ceasefire." In *Reducing Gun Violence: The Boston Gun Project's Operation Ceasefire*. NIJ Reducing Gun Violence Series Research Report NCJ 188741. Washington, DC: National Institute of Justice.
③ Id.

为1999年的31起。

新闻媒体很快就开始为"波士顿奇迹"欢呼了。比尔·克林顿总统以波士顿的情况为背景,宣布实施一项主要旨在预防青少年暴力犯罪的新的创新措施,而肯尼迪则在两年的时间里五次应邀造访白宫。此后,咨询电话不断,来自全国甚至全世界的参观者来到波士顿,希望了解这个城市在控制青少年暴力犯罪方面的做法和经验。"公众关注停火行动项目的氛围前所未见,"肯尼迪说,"在犯罪学历史上,这可能是从未出现过的情况。"①

为什么公众和刑事司法官员都着迷于停火行动项目?原因其实显而易见。一方面,停火行动项目仅依靠来自国家司法研究所的一笔小额资助即付诸实施。停火行动项目的核心观念是,波士顿青少年实施谋杀犯罪的问题远未发展到不可控制的程度,其源头可以追溯到少数帮派中的极少数青少年。这就意味着警察无需采用常规的、却时常遭到公众质疑或反对的执法策略(例如大量警方的突击检查)。相反,他们可以采用更为精准的方法,针对那些需要为绝大部分暴力犯罪负责的群体采取措施。另一方面从结果上来看,这种策略上的调整不但没有招致公众的抗议,反而获得了许多杰出的非洲裔牧师的支持与认可,这其中就包括了后来登上《新闻周刊》(Newsweek)封面文章的尤金·里弗斯(Eugene Rivers)。② 总而言之,停火行动为波士顿的犯罪问题开出的药方同时还能弥合种族间的紧张关系,而且还是以低成本的方式实现的。

---

① 2008年11月10日对大卫·肯尼迪的访谈。
② Leland, John. 1998. "Savior of the Streets—God vs. Gangs: What's the Hottest Idea in Crime Fighting? The Power of Religion." *Newsweek*, June 1.

在肯尼迪的职业生涯中,停火行动也是一个转折点。不久以后,他开始在全国推广波士顿首先试点的理念,包括帮助明尼阿波利斯、印第安纳波利斯和其他一些城市法律执行部门的官员,在当地开展他们自己版本的停火行动。联邦政府也重磅推出波士顿模式,并启动了一个在全国十个地方开展的项目,希望在这些地方复制停火行动项目。

只有一个问题。停火行动的成功使肯尼迪、里弗斯和他们的同事成为刑事司法领域的名人,同时却也使项目四分五裂。停火行动项目在获得全国性声誉这一顶峰时,却在波士顿坍塌了,泥足深陷于究竟是谁的功劳的争论之中。波士顿的谋杀率也开始回升。奇迹消失了。

停火行动在波士顿的坍塌,为项目背后的理念和停火行动这一"品牌"蒙上了阴影。芝加哥的另一个著名的项目虽然有不同于波士顿项目的关注点和具体的操作方法,但也同样取名为停火行动。此外,一些有影响的学者也提出,最初的停火行动项目从未进行过严格的评估,并开始质疑项目的有效性。[1]

摆在肯尼迪和那些关心停火行动背后理念的人面前的挑战是严峻的。公众有关停火行动的争论是否会使项目失败?总而言之,停火行动是一个有关项目复制方面的挑战、跨部门协作的困难以及研究者与操作者之间脱节的故事。

---

[1] Wellford, Charles F., John V. Pepper, and Carol V. Petrie, eds. 2005. *Firearms and Violence: A Critical Review*. Washington, DC: National Academies Press.

波士顿故事

停火行动项目是一系列幸运情形、深思熟虑的策略与良好时机组合在一起的产物。最重要的是,当肯尼迪和他们的两位哈佛大学同事——安东尼·布拉加(Anthony Braga)和安妮·皮耶(Annie Piehl)——出场时,在一个特殊的警察部门,已经有几位乐于奉献并颇有见地的执法官员,在波士顿最危险的社区之一与帮派和青少年暴力犯罪问题做斗争了。

这个特殊警察部门的领导是侦探警长(Detective Sergeant)保罗·乔伊斯(Paul Joyce)。乔伊斯已经切身感受到传统执法方法的徒劳无功,例如大量运用拦截拍身搜查(stop-and-frisk)的方法会引发新闻媒体和非洲裔社区猛烈的抨击。在受命领导打击青少年暴力犯罪行动组这一特殊的警察部门后,乔伊斯试图寻找一条新的出路。"我们想用我们自己的方法来做事,我们现在唯一知道的方法并不起作用,"乔伊斯说,"这告诉我们,我们不能独自完成这项工作,也不能没有来自社区和其他机构的支持。同时,也不能仅有警务工作或仅有刑罚的执行,还必须有预防措施。"①

在铭记以上这一点的基础之上,乔伊斯组织了一个非常多样性的联盟,由其他法律执行机构和其他"非常

---

① Kennedy, David M., Anthony A. Braga, Annie M. Piehl, and Elin J. Waring. 2001. "Part I. Developing and Implementing Operation Ceasefire." In *Reducing Gun Violence: The Boston Gun Project's Operation Ceasefire*. NIJ Reducing Gun Violence Series Research Report NCJ 188741. Washington,DC: National Institute of Justice, p. 10.

规"的合作伙伴代表组成。这些合作伙伴包括街面延伸工作人员（street-based outreach workers，通常被称为"streetworkers"），即被市政府雇用并直接与有风险的青少年接触并开展工作的人，还包括十点联盟（Ten Point Coalition）的成员。在当地教堂举行的葬礼上发生了一起耸人听闻的帮派枪战之后，非洲裔牧师自发组成了十点联盟这一团体。

即使是在哈佛大学的研究人员参与进来之前，乔伊斯的努力也已经取得了一些初步的成果，这些成果的取得更多的是依靠非正式的措施，而不是有策略的计划。例如，打击青少年暴力犯罪行动组的警官开始与缓刑官一起巡逻，目的是共同开展工作以使缓刑所附加的具体条件得以执行，包括宵禁和禁止进入某些地区。"我们之前从来没有试过离开办公室开展工作或者和警察交谈，"一位缓刑官回忆，"但是……我们意识到我们和警察面对的是相同的孩子。有一天，警察问，你们想和我们一起巡逻吗？"①

似乎是迈出一步就直接产生了效果。在这样做的第一个晚上——这个晚上后来被称为"夜间照明灯"（Night Light）——警察就成功解决了一起枪击事件，原因是枪击事件的很多目击证人都处在缓刑考验期之中，并且在宵禁期间长时间在外活动。通过与警方的合作，这些证人

---

① Kennedy, David M., Anthony A. Braga, Annie M. Piehl, and Elin J. Waring. 2001. "Part I. Developing and Implementing Operation Ceasefire." In *Reducing Gun Violence: The Boston Gun Project's Operation Ceasefire*. NIJ Reducing Gun Violence Series Research Report NCJ 188741. Washington, DC: National Institute of Justice, pp. 11—12.

可以避免因为违反了缓刑的条件而被重新送回监狱服刑。①

尽管取得了一些初步的成果,但很明显的是,青少年谋杀犯罪的问题仍未解决。就在此时,肯尼迪和他的同事们参与了进来。他们自愿将乔伊斯的特别联盟的成员组织在一起,成为一个更为正式的工作小组,并帮助设计了更具持续性的策略。尽管乔伊斯对于哈佛大学研究人员的参与热烈欢迎,但当时确实并不清楚,随着哈佛大学研究人员的到来,他们面临的问题究竟是否会有所改变以及会有什么样的改变。毕竟,当时波士顿市中心所面临的问题看上去已无药可救。"我当时认为没有什么办法可以阻止这些暴力犯罪,"一位工作小组成员说,"我不知道你们能有什么办法。"②

从表面上来看,肯尼迪和他们的同事们的贡献和你可能希望从哈佛大学研究人员那里获得的是一致的:对于数据和分析的关注。他们的第一项工作指出,青少年暴力犯罪远不是一个普遍存在的问题,事实上这些犯罪都非常集中:少数青少年实施了大部分犯罪。他们得出这个结论的方法很简单。通过与工作小组成员的很多次交谈,他们记录下了1991年到1994年间大家所知道的波士顿被谋杀的155名青少年的所有情况。结果证明,联盟的成员对于其中约70%的谋杀案(107起)非常了解,远远超过任何官方报告所包含的信息。当研究人员

---

① Kennedy, David M., Anthony A. Braga, Annie M. Piehl, and Elin J. Waring. 2001. "Part I. Developing and Implementing Operation Ceasefire." In *Reducing Gun Violence*: *The Boston Gun Project's Operation Ceasefire*. NIJ Reducing Gun Violence Series Research Report NCJ 188741. Washington, DC: National Institute of Justice.

② Ibid., p.12.

把这 107 起案件的已知信息汇聚起来时，他们得到了一些令人吃惊的发现。在这 107 起案件中，有 90 起都属于与帮派有关的案件。他们随后又进一步识别出参与到这些暴力犯罪中的 61 个帮派，而这些帮派大约有 1300 个成员。这一结果有效地说明，全波士顿 1％的青少年实施了这个城市里近 60％的青少年谋杀案。[①]

他们的分析并未就此结束。进一步的分析表明，在谋杀案件发生很久之前，谋杀案的被告人和被害人已经被刑事司法系统所关注。例如，在谋杀案件发生前，被害人和被告人中各有超过 3/4 的人至少已经因为涉嫌犯罪被提审（arraigned）一次。在这些曾经被提审的被害人和被告人中，被害人平均被提审的次数为 9.5 次，被告人的平均次数则为 9.7 次。这意味着，在谋杀案发生之前，被害人和被告人均已经被逮捕超过 9 次了。也许并不让人觉得惊奇的是，在谋杀案发生的时候，超过半数的被告人曾经被判处缓刑，26％的被告人则正处于缓刑考验期内。对于被害人来说，谋杀案发生时，42％的被害人曾经被判处缓刑，14％的被害人正处于缓刑考验期内。[②]

所有这些发现显示，数量非常少且已经被卷入刑事司法系统的青少年，在杀人或被杀方面具有极高的风险。根据哈佛大学研究团队的分析，处于混乱状态的社区中的帮派成员，有 1/7 的机会成为谋杀案件的被害人。

虽然这些青少年已经造成了很大的危害后果，但来

[①] Kennedy, David M. 1997. "Pulling Levers: Chronic Offenders, High-Crime Settings, and a Theory of Prevention." *Valparaiso University Law Review* 31(2): 449—484.

[②] Kennedy, David M., Anthony A. Braga, and Annie M. Piehl. 1997. "The (Un)Known Universe: Mapping Gangs and Gang Violence in Boston." In *Crime Mapping and Crime Prevention*, edited by David Weisburd and Tom McEwen (219—262). Monsey, NY: Criminal Justice Press.

源广泛的工作小组成员们却对这些青少年所面临的困境感同身受。工作小组明白,大部分的帮派并不是大规模的犯罪集团,而只是那种让社区感觉总是有一小撮问题少年存在的小团伙。虽然有一些谋杀案件源自争夺地盘,但大部分谋杀案件不过是由不同帮派成员个人之间的争吵所引发的。正如一个街面延伸工作人员所指出的:"在街上,公民社会不复存在。我们完全没有保护好这些孩子,以至于他们回复到了自然的状态之下。除非我们可以重建公民社会,否则我们不可能取得太多的进展。"[1]

从一个角度来看,对于试图预防某类犯罪的努力来说,谋杀案件中那么多的青少年被害人与被告人都已被刑事司法体系所关注这一事实,不啻是一个刑事司法制度失败和毫无效果的象征。但是,对于停火行动工作小组的成员来说,这又是一个机会。在肯尼迪看来,工作小组意识到"对于帮派及其成员适用大量的制裁措施空间巨大,尤其是因为他们与犯罪的关系是如此的密切……简而言之,为了应对特定的帮派及其成员,法律执行部门有很大的权力来实施相应的制裁措施"。[2]

如果单独考虑的话,这并不是一种全新的认识。停火行动与众不同之处在于刑事司法系统执法权的运用方式。在上述研究的引导下,工作小组成员们将寻求说服

---

[1] Kennedy, David M., Anthony A. Braga, Annie M. Piehl, and Elin J. Waring. 2001. "Part I. Developing and Implementing Operation Ceasefire." In *Reducing Gun Violence: The Boston Gun Project's Operation Ceasefire*. NIJ Reducing Gun Violence Series Research Report NCJ 188741. Washington, DC: National Institute of Justice.

[2] Kennedy, David M. 1997. "Pulling Levers: Chronic Offenders, High-Crime Settings, and a Theory of Prevention." *Valparaiso University Law Review* 31(2): 449—484.

有风险的青少年，让他们基于自身利益的考虑停止互相的杀戮。哈佛大学研究人员把他们的这种策略称之为"拉动杠杆"（pulling levers）。

在波士顿，虽然许多以传统方式拉动的"杠杆"最后都因为没什么效果而停止，例如对缓刑条件的强制执行，或者对帮派成员的轻微犯罪更为积极主动地进行追诉，但停火行动工作方式的核心要素则更为直接地来自于广告的策略。在肯尼迪的催促下，工作小组认识到他们尝试开展的工作，本质上是一种定向市场营销策略。他们的"产品"是安全（safety）与保安（security），他们的营销对象是一小撮对于所提供的"产品"的质量没什么信心的群体。

"我们对他们坦诚以待"

作为他们工作的一部分，肯尼迪和他的哈佛大学同事对侦探警长乔伊斯以及打击青少年暴力犯罪行动组的其他成员进行了访谈，以了解波士顿暴力犯罪问题的历史。一项针对温多弗街（Wendover Street）帮派的行动多次在谈话中被提及。乍一看来，这似乎是一种非常典型的创新措施：乔伊斯领导的队伍与联邦酒类、烟草与枪械局（Federal Bureau of Alcohol, Tobacco, and Firearms）合作，以切断为帮派提供枪支的非法走私渠道。但是，随着肯尼迪了解得越多，他就越来越意识到打击青少年暴力犯罪行动组还采用了一项同样非常重要的策略。

关键的线索来自乔伊斯一句模糊的评论："我们对他们坦诚以待。"乔伊斯的意思是，除了打击枪支贩卖者以外，打击青少年暴力犯罪行动组还积极采用他们所能想到的所有合法的方法向帮派成员施压，并尽力向帮派成员解释他们在做什么以及这么做的原因。这其中包括利用尚未失效的令状中的所有内容，将令状付诸实施，扣押无照司机所驾驶的车辆。例如有一次，行动组发现一个帮派的头目正处于青少年服务局（Department of Youth Services）的监管之中，在青少年服务局的帮助下，他们将这个年轻人转移到马萨诸塞州西部的一个监管机构。套用肯尼迪的话，警察所传递的消息是，"我们因为有暴力犯罪发生才会在这里，我们会让你的生活天翻地覆直到停止暴力犯罪为止"。比传递具体消息更重要的是，这样的消息是由警察采用直接对话的方式直接传递给帮派成员的。从基本常识上来看，这样的理念明显不合常规。与一般情况下一项执法活动的效果"不言自明"不同，警察花费了很多时间以确保他们所释放的消息能够传递给帮派的成员。

这项策略似乎取得了效果：除了成功地起诉了枪支贩卖者外，还有额外的效果，很多温多弗街帮派成员都自愿将他们的枪械上缴给警察。

当然，问题的关键在于，把在一个特定社区中一个特定帮派身上行之有效的措施，推广适用到更为广泛的地区能否取得相应的效果。在1995年末和1996年初，哈佛大学研究人员开始向工作小组成员们解释和说明这种"定向市场营销策略"。乔伊斯则接触了一些关键的合作伙伴，包括宗教机构和司法机关的领导，来说明拟采用的新措施。合作伙伴的回应绝大多数是积极的，这也反映出当时这些领导们对于现状是多么的绝望：情况已经如此糟糕，所以即使采取新措施，也不会变得更加糟糕。

工作小组最后将两个帮派锁定为他们的工作重心：丘陵低地团（Intervale Posse）和凡普山之王（Vamp Hill Kings）。通过与美国毒品管制局（U. S. Drug Enforcement Agency）合作，乔伊斯通过一个案件打击了丘陵低地团——这个帮派被认为是波士顿最危险的帮派之一。当这一案件正在进行中时，活动在多尔切斯特（Dorchester）社区的凡普山之王这一帮派的成员与丘陵低地团的帮派成员之间发生了暴力冲突。这两个帮派之间的一次冲突导致三名帮派成员被杀。这起犯罪为"拉动杠杆"策略提供了初次实践测试的机会。通过运用许多之前在打击温多弗街帮派过程中发展出来的策略，工作小组运用他们"权力清单"上的每一项手段来向凡普山之王施压，甚至一度通过马萨诸塞州防止虐待动物协会（Massachusetts Society for the Prevention of Cruelty to Animals），防止帮派把斗牛犬训练为格斗犬（fighting dogs）。

但是，真正的创新是，工作小组如何将他们正在开展的工作明确告知那些他们试图影响的工作对象。1996年中期，工作小组邀请凡普山之王的12个主要成员来到多尔切斯特的一个法庭。当帮派成员到达时，工作小组成员对他们表示欢迎，并用清楚、直接的方式向他们解释了可用于打击帮派成员的各种执法措施。为了使这种"威胁"更具有确实的威慑力，他们还分发了一页纸，纸上记载了一个帮派成员仅仅因为携带一颗子弹而被判处19年监禁的经历。这次公开讨论的内容还包括为帮派成员提供帮助：一位熟悉许多帮派成员的街面延伸工作人员充满感情地请求停止暴力并承诺在任何力所能及的方面提供帮助。

1996年8月，当长期规划的打击丘陵低地团的行动最终见效时，工作小组所传递的这种软硬兼施的信息就更为清楚地被理解了。帮派里有超过 20 名成员以毒品交易的罪名被起诉。媒体对这一情况的报道也铺天盖地。通过与被逮捕的帮派成员的面谈、街头一对一的谈话以及社区内的公开讨论，工作小组强调，这次行动的打击目标是帮派的暴力活动。在工作小组制作并散发的传单上，标题赫然写着，"他们被警告过，但他们不听。"

这种策略能够取得成功的一个关键要素是传递信息的"纪律"。停火行动需要工作小组成员之间额外的配合。例如，在 5 月底的时候，联邦检察官唐纳德·斯特恩（Donald Stern）召集 40 位街面延伸工作者开会。肯尼迪回忆道，当时很多街面工作者都对执法的具体方式有所怀疑，并询问斯特恩是否应当严厉打击未成年的吸毒人员。斯特恩的回答非常直接。"不，"他说，"这项行动只和**暴力**有关。只有最暴力团伙中的核心成员才是我们关注的对象。"[1]街面工作者带着满意的答案离开，并通过他们在当地的工作网络将这一信息传递了出去。

逮捕丘陵低地团中很多的帮派成员似乎是整个停火行动项目的转折点。对于接替保罗·乔伊斯担任打击青少年暴力犯罪行动组组长的加里·弗兰奇（乔伊斯于 1996 年初升任警察局的其他职位）来说，最能够实实在在地说明确实有一些改变的证据是，他有一台寻呼机，可以通过连续不断的嗡嗡声来提醒他发生了另一起犯罪事件，而现在传呼机几乎已经不再响起了。"我几乎得去检

---

[1] Kennedy, David M., Anthony A. Braga, Annie M. Piehl, and Elin J. Waring. 2001. "Part I. Developing and Implementing Operation Ceasefire." In *Reducing Gun Violence: The Boston Gun Project's Operation Ceasefire*. NIJ Reducing Gun Violence Series Research Report NCJ 188741. Washington, DC: National Institute of Justice, p. 40.

修一下我的传呼机了，"他说。①

1996年11月，《纽约时报》刊发了一篇引人注目的文章，指出波士顿已经连续16个月未发生谋杀未满17周岁青少年的案件！如果再算上谋杀率的持续下降，这种惊讶的感觉还会更加强烈。1990年，在波士顿有超过150人被谋杀，其中包括73名青少年。而到了1999年，全市范围内被谋杀的人数已经下降到31人了。

分崩离析

古语有云：失败是个孤儿，而成功有许多父母。在波士顿，这句话太正确了！随成功而来的，还有一系列新的挑战。其中一个挑战就是，到底是什么导致了这个项目的成功？

除了肯尼迪和他的同事们在工作小组会议期间所做的笔记以外，有关正在波士顿发生的这一事件，很少有其他的记录，而这个项目本身也没有唯一且持续的名称。曾经交叉使用过的名称包括："波士顿枪支项目"（Boston Gun Project），警方曾用这一名称来形容哈佛大学研究人员参与之前运用的一系列干预措施；"夜间照明灯行动"（Operation Night Light），这是警察与缓刑官共同巡逻项目的名称；以及"停火行动项目"（Operation Ceasefire），这个名字是肯尼迪参与以后创造出来的。这些还不包括

---

① Kennedy, David M., Anthony A. Braga, Annie M. Piehl, and Elin J. Waring. 2001. "Part I. Developing and Implementing Operation Ceasefire." In *Reducing Gun Violence*: *The Boston Gun Project's Operation Ceasefire*. NIJ Reducing Gun Violence Series Research Report NCJ 188741. Washington, DC: National Institute of Justice, p. 40.

很多与这一创新措施相关的其他名称,包括"拉动杠杆"、十点联盟(牧师团体所使用的名称)和街头工作者(Streetworkers,这是街面延伸工作人员所使用的名称)。

对肯尼迪来说,争论到底是什么使这个项目取得成功无疑是一种"往回看"的表现。[1] 在大家对导致项目成功的原因达成一致前,停火行动已经产生了效果,这是全国都一致的看法。

停火行动项目采用了一种非常规的模式,这可能对于它的成功起到了决定性的作用,但这种非常规的模式,同样也会在限制其推广和传播方面发挥关键性的影响。

对肯尼迪来说,巨大的压力几乎就是接踵而来的。"在波士顿,关于项目的成功到底应归功于哪一方的争论几乎要变成了街头群殴,"肯尼迪说。[2] 几个不同的阵营出现了。第一个阵营由波士顿警察局组成。第二个阵营则是参与到十点联盟里的一些牧师,其中最引人注目的就是尤金·里弗斯神父。公共卫生界组成了第三个阵营,他们坚称,街面延伸工作人员的参与是取得成功的关键。第四个阵营里是缓刑官,他们则相信,夜间照明灯行动导致了犯罪率的下降。最后,还有第五个阵营,里面是哈佛大学研究人员以及他们提出的"拉动杠杆"策略。威斯康辛大学教授迈克尔·斯科特喜欢用"盲人摸象"的寓言比喻这一情况:每个人都摸到了不同的部位,但也不能就站在他们面前的到底是什么达成一致。"和不同的人谈论到底哪些干预措施使项目取得成功,(每个阵营)说的都不是一回事,"他说。[3]

---

[1] 2008年11月10日对大卫·肯尼迪的访谈。
[2] 同上。
[3] 2008年5月14日对麦克·斯科特的访谈。

与此相关的利益也是巨大的。肯尼迪观察发现,"非常清楚的是,在波士顿,有许多职业晋升、名誉和政治根基等方面的利益,需要通过这个项目的成功来赢取"。①工作小组在这种压力下四分五裂了。发生在十点联盟身上的故事最显而易见。十点联盟本身是一个由市中心区牧师组成的松散合作组织,这些牧师对于停火行动的认可,为项目提供了重要的实际支持和公众认可方面的正当性(public legitimacy)。② 就像一列在公众视野中突然爆炸的火车残骸一样,十点联盟的分崩离析实在令人不堪回首。受到停火行动项目成功的激励,十点联盟从政府和基金会募集了超过一千万美元的资助,但随着公众形象的提升,组织内部的紧张关系也在潜滋暗长。由于无法协调与管理这些内部的紧张关系,十点联盟分裂为三个互相独立且互不联络的组织,而且每个组织都宣称有权使用最初的品牌名称——三个组织分别取名为波士顿十点联盟(Boston Ten Point Coalition)、全国十点联盟(National Ten Point Coalition)和世界十点联盟(International Ten Point Coalition)。随着时间流逝,不同组织之间的争吵开始变得不堪入耳,杰弗里·布朗神父(Reverend Jeffrey Brown,波士顿十点联盟的领导者)甚至指责尤金·里弗斯神父派人以暴力威胁他。

　　根据哈佛大学最初研究团队成员安东尼·布拉加的研究,十点联盟所遇到的最基本的问题是"任务的转移"(mission drift)。当他们获得更多的资助后,他们在直接提供服务方面投入了更多的精力,而不再只是支持他们

---

① 2008年11月10日对大卫·肯尼迪的访谈。
② Winship, Christopher, and Jenny Berrien. 1999. "Boston Cops and Black Churches." *The Public Interest* 136 (Summer): 52—68.

的教会成员和充当社区里的先知。十点联盟"从一种运动(movement)转向为一种机构(agency)",其中一位创建者回忆道。①

另一方面,对停火行动的致命打击则是导致失败的常见原因,尤其是在确定继任者方面存在的问题。2000年,乔伊斯的继任者加里·弗兰奇探长奔赴新的岗位。弗兰奇的继任者不再参加工作小组的日常会议,警方也恢复适用更为传统的执法策略。对大卫·肯尼迪来说,从这一刻起,停火行动事实上已经被"故意解散"了。同时,波士顿的谋杀率也开始回升,从1999年的31人被谋杀上升为2005年的75人,其中包括39名未满25周岁的被害人。②

警察局内部的冲突则导致了更为严重的混乱。2003年警察局局长保罗·埃文斯在任职近10年后离任,他的继任者凯思琳·奥图(Kathleen O'Toole)将日常工作交由两位长期不睦的副手——罗伯特·邓福德(Robert Dunford)和乔伊斯负责。他们两位在打击帮派犯罪方面采用互相矛盾的措施,而两者之间的紧张关系则进一步影响了整个机构。正如一位观察家对《波士顿环球报》(The Boston Globe)所说的,"有一部分人忠于采用邓福德的方式,还有一部分人则忠于采用保罗·乔伊斯的方式"。③

特尼·格罗斯(Teny Gross)曾是一位街面延伸工作

---

① Braga, Anthony A., David M. Hureau, and Christopher Winship. 2008. "Losing Faith? Police, Black Churches, and the Resurgence of Youth Violence in Boston." Ohio State Journal of Criminal Law 6: 141—172.

② Christian Science Monitor, "What's at the Root of Boston's Rise in Murders?" May 10, 2006.

③ Suzanne Smalley, "New Commissioner Focuses on Gun Crimes Swearing-in Is Today." The Boston Globe, December 4, 2006.

人员,受到停火行动成功的启发,后来到罗德岛的普罗维登斯(Providence,Rhode Island)创立了相应的机构。在格罗斯看来,停火行动的问题在于工作小组不能承受成名以后的各种压力。"我们本是灵活的组织,规模很小但富有弹性,"格罗斯说,"突然,大家都开始考虑名声的问题了。"①在《波士顿环球报》的专栏文章中,格罗斯提出了严厉的批评:

> 没有什么礼貌的方式可以来谈论这件事情:在波士顿,回复到之前的"自扫门前雪"的状态直接导致了谋杀案和死亡的增加。10年之前,一个多尔切斯特的年轻人告诉我:"你们这些成年人才是真正的帮派成员,为了些琐碎小事争斗不休,争夺关注和名望。"正是这些帮派之间在街上争斗的小事上了头条新闻。但现在发生的事情同样应当归咎于在办公室和机构里那些互相争夺的小事。②

传播福音

当然,波士顿停火行动的崩溃并不意味着支撑这个项目的理念基础是站不住脚的。1997年,肯尼迪和他的哈佛大学同事被邀请前往明尼阿波利斯,并在那里创建了另一个版本的停火行动,并取名为"希望、教育、法律和安全"(Hope,Education,Law,and Safety,简称"HEALS")。1998年,美国联邦司法部宣布将在五个城市复制停火行

---

① 2008年12月5日对特尼·格罗斯的访谈。
② Gross, Teny. 2006. "Politics, Petty Feuds, and Street Violence." *The Boston Globe*, February 12.

动项目的工作模式,这个被称为"社区安全策略性创新措施"(Strategic Approaches to Community Safety Initiatives)的项目在 2000 年被进一步推广到十个地点。再后来,在停火行动的启发下,更大规模的由联邦政府资助的"安全社区项目"(Project Safe Neighborhoods)在全国 94 个联邦司法管辖区开展起来。①

当来自费城、芝加哥和洛杉矶的刑事司法官员造访波士顿并寻求帮助和建议时,停火行动团队开始意识到,他们项目的内容更多的是一系列具有"煽动性"的理念,而不是单一清晰的工作模式,因此很难解释和理解。在肯尼迪看来,有一些城市希望复制这一项目,但却完全没有理解停火行动的内涵,这其中费城是较早的一个例子,街面延伸工作人员特尼·格罗斯的分析也得出了相同的结论。"他们派了 25 个人来到波士顿,"格罗斯说,"他们的任务很重。但当我去费城,向警官提问'谋杀案的被害人和加害人都是哪些人?'他们却面面相觑答不上来。当你连敌人是谁都不清楚时,你是不可能获得胜利的。"②

关于项目复制过程中遇到的挑战,芝加哥则提供了另一个例子。流行病学家加里·斯卢特金(Gary Slutkin)曾花费十余年的时间在非洲防治传染病,后来他决定将公共健康领域的工作模式适用于治理芝加哥市中心的帮派犯罪问题。在造访波士顿以后,他采用了停火行动这一名称,但只吸收了其中有关街头工作者参与的部分(即雇用社会工作者和前帮派成员开展工作,希望在暴力

---

① 安全社区项目也受到了另一个运用更为传统的执法方式开展的项目的启发,这个项目名为"放逐"(Project Exile),源自里奇蒙德(Richmond)。
② 2008 年 12 月 5 日对特尼·格罗斯的访谈。

发生前平息帮派之间的纷争)。①"芝加哥公共健康领域的人只是套用了这个品牌,"肯尼迪说,"他们只是用了这个名称并把它贴在完全不同的东西上面。"②由芝加哥的联邦检察官办公室主导的另一个项目于2003年启动,名义上这个项目更为"忠实"地改编自波士顿停火行动项目,实际上却增加了更多的混乱。在马萨诸塞大学安赫斯特分校(University of Massachusetts-Amherst)教授安德鲁·帕帕齐里斯托斯(Andrew Papachristos)看来——他曾受聘评估这一由联邦检察官办公室主导的项目——这两个项目之间其实毫无关系。③

在洛杉矶,另一个复制停火行动的项目也陷入了困境,原因是合作开展这一项目的各方所不能控制的外力。在加利福尼亚大学尔湾分校(University of California-Irvine)教授乔治·蒂塔(George Tita)看来,合作方在博伊尔高地(Boyle Heights)社区运用了细致的"市场营销策略",但由于陷入困境的社区成员催请立即适用更为严厉的执法措施,这一策略被弃用。正如蒂塔所写道的:"突然发生的事件压倒了精心设计的计划。"④当联邦政府给予的资助到期后,这个项目的工作小组各奔东西。在记者丹尼尔·杜安(Daniel Duane)看来:"如果你在洛杉矶执法机关的小圈子里提到停火行动,你会感觉到一丝不易察觉的轻蔑。"洛杉矶郡(Los Angeles County)警察局

---

① Alex Kotlowitz,"Blocking the Transmission of Violence."*The New York Times Magazine*,May 4,2008.
② 2008年11月10日对大卫·肯尼迪的访谈。
③ 2008年11月19日对安德鲁·帕帕齐里斯托斯的访谈。
④ Tita, George E., Jack Riley, Greg Ridgeway, and Peter W. Greenwood. 2005. *Reducing Gun Violence: Operation Ceasefire in Los Angeles*. NIJ Reducing Gun Violence Series Research Report NCJ 192378. Washington, DC: National Institute of Justice, p. 14.

局长李·巴卡(Lee Baca)则公开表示对停火行动的不屑一顾。"(停火行动)只适用于每年只发生不到50起谋杀案的地方,"巴卡说,"我真的希望洛杉矶谋杀案的数量是如此之少。"①

洛杉矶的经验说明,为停火行动在波士顿取得成功奠定坚实基础的一系列因素的组合是很难在其他地方再现的,例如,有像保罗·乔伊斯那样的一线实务工作者,有尝试新的做法以发现正确的方法的决心。这些因素是无法被灌装到瓶子里然后四处销售的。正如蒂塔在评估上述洛杉矶项目失败后,直言不讳地指出,"本地人认为这是我自己的项目,而不是别人的"。他所提炼出来的教训是"除了合作的研究方以外,必须有人全身心地投入"。②

洛杉矶的警官们并不是唯一对停火行动抱持怀疑态度的人。对很多学者来说,停火行动和波士顿突然下降的犯罪率之间的关系远不是所认为的那样直接。肯尼迪和他的哈佛大学同事谨慎地注意到,他们并没有明确的证据证明停火行动导致了犯罪率的下降,虽然他们感到有强有力的间接证据能够证明它确实"发挥了作用"。他们指出了关键的时间点:自1996年6月1日起,这是停火行动项目启动的官方时间(第一次组织与凡普山之王的帮派成员进行公开讨论就在这一天前后),青少年谋杀案的数量下降了63%。③

---

① Duane, Daniel. 2006. "Straight Outta Boston." *Mother Jones* (January/February).
② 2008年1月16日对乔治·蒂塔的访谈。
③ Kennedy, David M., Anthony A. Braga, Annie M. Piehl, and Elin J. Waring. 2001. "Part II. Measuring the Impact of Operation Ceasefire." In *Reducing Gun Violence: The Boston Gun Project's Operation Ceasefire*. NIJ Reducing Gun Violence Series Research Report NCJ 188741. Washington, DC: National Institute of Justice.

然而,当其他学者检视这些数字时,他们并没有被说服。一个关键的问题是样本的规模:在采取干预措施之前和采取干预措施期间,波士顿青少年谋杀案相对较少的数量使之很难满足数据检验上的显著性要求。罗森菲尔德(我们在第一章有关圣路易斯市"同意搜查"项目的讨论中谈到过他)和他在圣路易斯大学密苏里分校的同事,采用一个复杂的统计模型进行分析,并将美国 95 个城市变化着的犯罪条件纳入其中,得出的结论是,波士顿谋杀率的下降大约有 10% 的概率是偶然发生的,而不是停火行动干预的结果。① 就停火行动是否发挥作用这个问题,罗森菲尔德和他的同事对他们所提供的答案也没有十足的把握。

这一结论很快成为许多学者所公认的主流观点。例如,一份提供给国家研究委员会(National Research Council)的报告指出,"虽然在青少年谋杀发案数量与停火行动项目之间存在很强的关联性,但想要确定停火行动在减少波士顿青少年谋杀案中发挥的确切作用是非常困难的"。②

肯尼迪和其他参与波士顿停火行动项目的人发现,他们越来越处于守势。"在事情开始变味后不久,我和《波士顿环球报》的一位记者有过一次谈话,"肯尼迪回忆,"我告诉那位记者,波士顿发生了什么,她说,'为什么我要相信这些——就因为是你说的?'"对肯尼迪来说,这

---

① Rosenfeld, Richard, Robert Fornango, and Eric Baumer 2005, "Did Ceasefire, CompStat, and Exile Reduce Homicide?" *Criminology and Public Policy* 4(3): 419—449.

② Wellford, Charles F., John V. Pepper, and Carol V. Petrie, eds. 2004. *Firearms and Violence: A Critical Review*. Washington, DC: National Academies Press, p. 239.

些抨击非常令人沮丧。"我会告诉你,那些感觉自己处于停火行动项目核心的人认为,他们正在被清除出去,"他说。"其实还没搞清楚到底是什么起了作用,但现在看上去好像停火行动就从来没有发生过,"他观察道。①

肯尼迪从波士顿的经历中学到了惨痛的教训。结果证明,向帮派成员营销停火行动要比向更为广泛的政界营销停火行动容易多了。

虽然学者和记者所抱持的怀疑态度亦有价值,但没有人能够成功地质疑停火行动的策略。从波士顿以及后续在其他地方复制项目的情况来看,包括明尼阿波利斯、印第安纳波利斯以及新近在加利福尼亚州斯托克顿(Stockton)开展的项目——这一项目正好由安东尼·布拉加负责进行评估,毕竟还是有很多证据表明停火行动这一工作模式是一种有效预防暴力行为的工具。②

借助于深入细致的反思,可以肯定地说,对于面临亟待解决的公众安全问题的某一地方执法机关来说,任何一个需要花费十多年的时间去验证一个试验性的、附带条件设定的结论的过程都助益有限。斯坦福大学的罗伯特·韦斯伯格(Robert Weisberg)教授主张对研究社群适用更为宽松的标准,而不是严苛地要求统计上的精确性:鼓励采用那些有前途且没有明显缺点的项目,而停火行动项目毫无疑问早已满足了这一标准。如果研究者遵循这样的思路,韦斯伯格写道:"官员们可能会更有动力参与一系列修修补补式的、不会导致负面效果的试错过程,

---

① 2008年11月10日对大卫·肯尼迪的访谈。
② Braga, Anthony A. 2008. "Pulling Levers: Focused Deterrence Strategies and the Prevention of Gun Homicide." *Journal of Criminal Justice* 36(4): 332—343.

而这些努力可能最终会生产出更为明显有效的解决方案。"①

拯救停火行动

在外界看来,停火行动项目似乎是突然出现的;事实上,是保罗·乔伊斯发起的致力于解决波士顿青少年暴力犯罪问题的多年基础工作致使这一项目的出现。哈佛大学研究人员的加入,只是使一线实务工作者已经采用的一些策略得以系统化,并适用于更大范围——肯尼迪和他的同事们称之为"旁观者清的力量"。正如肯尼迪所说的,哈佛大学研究团队能够"发现已经存在的实践做法的意义,和工作小组一起决定这些实践做法潜在的更为广泛的应用价值,并向实务工作者自身机构的领导者明确这些被发展修改以后的策略"。②

就其本质而言,停火行动中的协同合作是非常脆弱的。这其中包括了城市的、州的还有联邦系统的各种机构,而这些机构的任务不同,机构的文化背景也迥异。即使在哈佛大学研究人员参与以后,将停火行动的策略打造成型也花费了一年多的时间。在此期间,令人震惊的暴力行为照常发生。例如,被肯尼迪和他的同事称为项目"最糟糕的时刻",就在工作小组成员警告一位母亲,她

---

① Weisberg, Robert. 2005. "Meeting Consumer Demand in Modern Criminology." *Criminology & Public Policy* 4(3): 471—478.

② Kennedy, David M., Anthony A. Braga, Annie M. Piehl, and Elin J. Waring. 2001. "Part I. Developing and Implementing Operation Ceasefire." In *Reducing Gun Violence: The Boston Gun Project's Operation Ceasefire*. NIJ Reducing Gun Violence Series Research Report NCJ 188741. Washington, DC: National Institute of Justice, p. 21.

属于凡普山之王帮派成员的儿子正处于危险之中后没几分钟,她的孩子就被谋杀了。在面对诸如此类事件时,真的需要对这种非常规理念的坚持。

有关停火行动成功应该归功于哪一方的争斗颇具讽刺意义,因为项目本身就依赖于不同的部门关于如何处理青少年暴力行为的统一目标。使用一个科技领域的类比,使停火行动获得成功的每一个"活性成分"都毫无疑问地为"拉动杠杆"策略提供了支持。

对波士顿奇迹的解读和在试图推广这一工作模式过程中遇到的挑战,为肯尼迪提供了一些来之不易的智慧。"我现在会用一种流动的视角来看待刑事司法实践中的好做法,并将其视为仍待完善的半成品,"肯尼迪说。① 在经历所有这些事情后,肯尼迪非但没有撤离,反而继续通过写作、授课和媒体曝光为"拉动杠杆"策略争取利益。

肯尼迪最近在北卡罗来纳州的海波因特(High Point, North Carolina)开展的项目也改编自停火行动,并循着与波士顿停火行动项目相同的路径:初期成效显著、媒体善意关注以及联邦政府对于复制该项目兴趣浓厚。初期取得成效的关键因素在于警察局局长詹姆斯·费里(James Fealy)的强力支持,这位警察局局长还和肯尼迪密切合作来设计具体的工作策略。本质上,海波因特项目给了肯尼迪第二次机会来检验他的理念。他说:"关于(波士顿停火行动)的头条新闻当然已经远去,但现在又有很多人在关注海波因特项目了。"② 事实上,肯尼迪和约翰·杰刑事司法学院院长杰里米·特拉维斯在2009 年共同发起成立了一个新的联盟——"全国安全社

---

① 2008 年 11 月 10 日对大卫·肯尼迪的访谈。
② 同上。

区网络"(National Network for Safe Communities)——来推广海波因特/停火行动的工作模式。仅在联盟成立后的前几个月,就有33个城市同意加入。

虽然有关停火行动效果的争论可能永远都没有结果,但这个项目却对刑事司法领域做出了重要的贡献。停火行动的故事凸显了导致失败的几个主要原因。换句话说,就是在以下几个方面遇到了挑战:维系一个长期、复杂的跨部门协作;关键领导者继任人选的选择;项目成功后如何论功行赏;以及在复制项目时跨越本地背景下的重重障碍。

虽然存在一些缺点,停火行动仍然给刑事司法领域做出了重大的贡献,这主要归功于肯尼迪的坚持不懈。尽管停火行动在波士顿不复存在了,但他成功地把致力于传播停火行动背后理念的各地创新者组织了起来,创建了一个全国性的网络。

事实上,在受聘领导对联邦资助的安全社区项目进行评估的密歇根州立大学的艾德·麦加雷尔(Ed McGarrell)看来,停火行动所展示出来的一些理念已经在孟菲斯(Memphis)、芝加哥(Chicago)、密尔沃基(Milwaukee)和奥马哈(Omaha)等地展现出繁荣的二次生命力。例如,麦加雷尔相信,安全社区项目已经证明了这种做法的价值:由研究人员和执法官员合作进行调查,并设计出回应公众安全问题的措施。"那些把研究人员整合进来的地方在实施规模上有可能做得更好,"麦加雷尔说。[①] 即使需要解决的是与停火行动完全不同的问题时也同样如此。例如在孟菲斯,研究人员和执法官员需要解决的是强奸和性侵的问题。他们基于数据分析结果所采取的措

---

① 2008年10月7日对艾德·麦加雷尔的访谈。

施使全市范围内发生的强奸案减少了49%。①

　　对麦加雷尔来说,停火行动的价值在于将一种希望引入到刑事司法。他断言:"现在我们看到的只是几个有前途的实践做法。如果从长远的角度来看,这将会是翻天覆地的变化。"② 毕竟,在停火行动项目开展前的几年里,刑事司法领域曾经被完全不同的气氛所笼罩。当时在很多人——无论是刑事司法圈内人士还是圈外人士——看来,犯罪本质上就像天气一样,是一个非人力所能干预的问题。无论到底应归功于哪一方,或者效果到底能持续多久,停火行动展示出来的是,创造性的、通力协作的工作真的能对犯罪有所改变,即便是在波士顿情况最糟糕的几条街道上。

---

　　① Roehl, Jan, Dennis P. Rosenbaum, Sandra K. Costello, James R. Coldren, Jr., Amie M. Schuck, Laura Kunard, and David R. Forde. 2008. "Paving the Way for Project Safe Neighborhoods: SACSI in 10 U. S. Cities." NIJ Research in Brief Report NCJ 216298. Washington, DC: National Institute of Justice.

　　② 2008年10月7日对艾德·麦加雷尔的访谈。

第四章
十亿美元的失败：假释与加利福尼亚的改革斗争

2008年秋天的一个清晨，在加利福尼亚州的丘拉维斯塔（Chula Vista, California），假释官劳尔·桑多瓦尔（Raul Sandoval）怀疑地注视着坐在他对面的男人。"你应该知道你不能和你妈妈住在一起，对吧？"他问。这个男人（我们可以称他为威利，但这不是他的真名）羞怯地点了点头，并不安地在他的椅子上挪动了一下。①

"今天我们要做一个毒品检测，从你的角度考虑，我希望你能通过这个检测，"桑多瓦尔说。桑多瓦尔今天穿着

---

① 2008年1月20日对劳尔·桑多瓦尔的访谈。

舒服的蓝色牛仔裤,戴着棒球帽。桑多瓦尔不需要向威利解释这个检测是怎么回事。作为一个假释官,他有权因为威利违反假释规定而把他送回监狱。威利搬回去和他妈妈一起住而没有向他报告这件事情已经违反了假释规定,已经足够给他带来很多麻烦。如果不能通过毒品检测,就会再一次违反假释规定。

威利的案子很麻烦,但这种情况却很常见。他在杂货店偷了两桶啤酒并毁坏他妈妈家里的电话,因此入狱服刑13个月后,最近刚从监狱假释出来。虽然威利妈妈家是威利唯一不应该去的地方,但他妈妈也同意在威利离开监狱后接纳他。几个星期以后,威利的妈妈给桑多瓦尔打电话,说她重新考虑了是否应该让威利回她家。她告诉桑多瓦尔,威利喜怒无常,行为不可预料并且还在吸食毒品。为了保护她,桑多瓦尔并没有告诉威利他妈妈给自己打过电话,相反,桑多瓦尔告诉威利自己偶然发现了这件事,并要求威利不能和他妈妈住在一起。

今天,威利坚称自己没有吸毒,而且说毒品检测会证明他的清白。他承认在没有告诉桑多瓦尔的情况下就搬到他妈妈那里去住是错误的,并表示他会想办法搬到他爸爸那里去。但这些都没有给桑多瓦尔带来更多的信心。威利没有工作,而且似乎他也没有在努力寻找一份工作。就桑多瓦尔可以作出的判断来说,威利的主要人生目标是通过吸毒爽一把,并且依赖他父母来生活。

除了口头警告以外,桑多瓦尔觉得还应该对威利采取点措施。但是,把他送回监狱可能也不是什么正确的选择。送回监狱不仅花费巨大,而且与他监管的其他被假释的人相比,威利重新犯罪的风险似乎也相对较低。桑多瓦尔的直觉告诉他,应该把威利送到一种有序的生活状态中,他可以接受一些戒瘾治疗并用连续一致的纪律来制约他。他的脑海里浮现出一个名为假释犯资源中心(parolee resource center)的项目。这个项目值得信赖,同时也因为资源有限需要慎重地选择适用的对象。如果威利进入到这个项目,就意味着他挤占了别人的名额。

桑多瓦尔让威利坐在大厅里等待进行毒品检测。他还有一件事需要先完成。桑多瓦尔转向他的电脑,打开了一个名为"假释违规决定评估表"(Parole Violation Decision Making Instrument,PVDMI)的程序。假释违规决定评估表最近被引入到丘拉维斯塔和加利福尼亚州的其他三个假释监管机构,如果一切按计划进行,这个评估表将在2009年年底前在全加州铺开使用。

设计假释违规决定评估表的目的是帮助假释官在处罚假释违规行为时做出最好的决定。在考虑违规行为的性质和假释犯重新犯罪风险的基础上,假释违规决定评估表会就每一项违规行为应当如何被严肃地处理提供一个建议。在确定风险方面,假释违规决定评估表会把年龄、性别、犯罪记录以及之前撤销缓刑或假释的次数等一系列因素考虑在内。

对于低风险罪犯的假释违规行为,假释违规决定评估表会建议适用相对轻缓的处罚,例如口头的训诫或实施宵禁。但是对于风险较高的罪犯,假释违规决定评估表会建议一些更为严厉的措施,例如住院进行毒品戒瘾治疗或者送回监狱。背后的理念很简单:敦促假释官在决定如何处罚假释违规行为前,考虑假释犯的再犯风险,假释违规决定评估表鼓励假释官将风险最高的假释犯送回监狱。假释官可以不采用电脑给出的建议,而适用更为严厉或更为轻缓的处罚措施,但同时必须对这一决定作出说明,因为这将被统一记录在一个数据库中并由州一级的官员进行审查。

桑多瓦尔在电脑中输入一些威利案件的具体情况后,向下滚动屏幕去看假释违规决定评估表提供了什么样的建议。他发出一声惊讶的低语。假释违规决定评估表给他的建议是,威利的假释违规行为应当采用最低程度的措施——最多也就是转介至门诊进行毒品戒瘾治疗。实际上,这意味着如果桑多瓦尔希望将威利送到他之前考虑的项目中去,就必须要推翻假释违规决定评估表的建议。对于这一电脑程序而言,假释犯资源中心项目只适合于那些应对其违规行为采用中等处罚措施的假释犯。

桑多瓦尔的直觉告诉他,如果想要改变威利的人生道路,他需要的就不仅仅是轻微的惩罚。他担心,威利在公然违反假释规定的情况下却未受到应有的惩罚,这样的结果将传递出一种什么样的信息。而且,桑多瓦尔觉得,如果让威利离开办公室回家,还会置威利的妈妈于危险之中。但是电脑又告诉他无论如何都应该那样做。那么,到底怎样做才是正确的呢?

在整个加利福尼亚州,假释官们每天都会作出成千上百个类似的决定。威利的违规行为只是每一年中假释官会注意到的大约18.7万起违规行为中的一起。查看这些决定会发现,许多决定就像威利的案件一样包含了复杂的事实因素。对于假释违规行为的处罚,本来就没有什么非黑即白的简单答案,而是包含了很多灰色区域和难以做出判断的事项。但是,如果你去阅读过去20年里关于加利福尼亚州矫正系统的专栏评论文章、学术论文和报道,你就会得出完全不同的结论。在他们看来,桑多瓦尔和其他加利福尼亚的假释官所作出的决定合在一起,不亚于一起灾难性的失败。

时不我待

2007年1月,小胡佛委员会(Little Hoover Commission)——这是一个由州长和州议会任命成员的无党派监督委员会——发布了一个配有不祥标题的报告:《解决加利福尼亚州的矫正危机:时不我待》。这个报告的结论非常引人注目:

> 加利福尼亚州的矫正系统正处于混乱之中,危及公共安全并提高了发生财政危机的风险。失败的矫正系统是政策制定者所面临的最大也最为急迫的危机。几十年来,担心在打击犯罪方面表现地过于软弱的州长和立法者,未能聚集政治意愿来解决这个潜在的危机。现在他们已经没有时间了。[①]

这个报告说的是一个糟糕的故事。从1980年到2007年,加利福尼亚州在监狱服刑的人数增长了7倍,达到了17.3万人,也是目前为止全美各州中人数最多的。在同一时期内,整个矫正系统的费用也从每年10亿美元迅速膨胀至100亿美元。尽管支出的费用在增加,但加利福尼亚人在这方面的投入是否获得了好的回报仍不清楚。

[①] Little Hoover Commission. 2007. "Solving California's Corrections Crisis: Time Is Running Out." Sacramento, State of California, Little Hoover Commission. http://www.lhc.ca.gov/sites/lhc.ca.gov/files/Reports/185/report185.pdf.

上述报告的作者特别严厉批评了假释制度,并斥之为"十亿美元的失败"(billion-dollar failure)。加利福尼亚州所有事实上被释放的罪犯都获得了3年的假释期,而无论这些罪犯的犯罪历史和对社区的风险如何,这种做法几乎在全美各州都是绝无仅有的。加利福尼亚州假释犯的数量冠绝全国,每个假释官平均需要处理70个假释犯,几乎为全国平均数的两倍,在此种情况下,假释官几乎都没有时间与假释犯见面,更不要说对他们进行有效的监管。

案件数量居高不下,加上缺乏可供选择的帮助回归社会的措施——全加州大概只有一半的监狱服刑人员能在监狱内接受到教育或职业技能培训,监狱以外能够提供的服务也同样稀缺——这使假释官即使是在处理轻微的违反假释规定的行为时,也更倾向于建议重新监禁。"假释就是一个为失败而生的制度,"迈克尔·雅各布森(Michael Jacobson)——他是《缩小监狱规模:如何减少犯罪并终结大规模监禁》(*Downsizing Prisons: How to Reduce Crime and End Mass Incarceration*)一书的作者——说,[1]"如果你的兴趣在于寻找失败,然后把人重新关到监狱里,这就像在水桶里射鱼那样简单。"[2]

假释犯因假释违规而不断进出监狱的过程,使加利福尼亚州监狱服刑人员的数量多年持续激增。正如小胡佛委员会所指出的,加利福尼亚州的假释犯中大约有70%在3年的假释期内重新回到了监狱。例如在2006

---

[1] Jacobson, Michael. 2006. *Downsizing Prisons: How to Reduce Crime and End Mass Incarceration*. New York: New York University Press.

[2] *The New York Times*, "New Tact on Straying Parolees Offers a Hand Instead of Cuffs." May 17, 2008.

年,加利福尼亚州一共有12万人入监服刑,其中有7万人属于假释期内因各种原因被重新羁押。这其中既包括假释期内被重新逮捕(大约3万人),也包括假释违规(大约4万人)。① 换句话说,每一年都有几万的假释犯因为违反了为他们设定的假释条件,例如未通过毒品检测或者在未告知假释官的情况下迁居,而不是因为涉嫌新的犯罪,而被重新送回加利福尼亚州的监狱。

这种实践操作令人震惊的是,假释犯并不是由法官重新送回监狱去的。相反,他们的刑罚是由为假释听证委员会(Board of Parole Hearings,BPH)工作的公务员通过一种"秘密量刑"(backdoor sentencing)的程序来决定的。在加利福尼亚,和其他一些州一样,处理假释违规行为的证明标准要远低于刑事法庭里适用的标准。一旦到假释听证阶段,在大约90%的案件中,假释犯被送回监狱几乎是必然的结果。虽然实践中的这种做法并非仅见于加利福尼亚州,但通过这种程序大规模地将罪犯送回监狱确实是加利福尼亚州所独有的。加利福尼亚州由假释系统决定送回监狱的人数要多于由法院裁判送到监狱服刑的人数,这在全国也是唯一的。加利福尼亚州两者的比例大概为2∶1,而在全国平均来看,两者的比例则是相反的1∶2。例如,佛罗里达州2007年共有32253名重罪罪犯被法院判决入监服刑,但只有246名假释犯因违规而被送回监狱。②

假释听证委员会能够如此轻松地将假释犯送回监狱,相应就产生了几个奇怪的悖论。例如,假释犯因涉嫌

---

① *The San Diego Union-Tribune*, "Revolving Doors: The Crisis in California's Parole System." November 22, 2008.

② *Sacramento Bee*, "California Is Toughest State on Parolees." November 21, 2008.

实施新的犯罪而被逮捕,通常经由假释听证委员会的程序起诉,而不是走地方法院的程序。虽然这样做常常使起诉能够获得成功,并且减轻了地方司法管辖区的财政负担(假释听证以及相关的听证前羁押的费用均由州系统承担),但根据法律规定,假释听证委员会的听证官员能够决定的刑罚最多不超过1年有期徒刑。由此导致的结果是,许多严重犯罪的罪犯却作为假释违规者被判处短期的自由刑。例如,在2003—2004年两年期间,假释听证委员会将246名以谋杀罪被起诉的假释犯、1006名以抢劫罪被起诉的假释犯和691名以强奸罪和严重性侵罪被起诉的假释犯送回监狱,但没有一个人被判处的刑罚超过1年。①

因此结论是,一方面,在假释期间因严重犯罪被逮捕的假释犯最终获得的刑期与在刑事法庭起诉并定罪量刑相比要短得多。而在另一方面,在因假释违规而被送回监狱的假释犯身上,也同样发生了奇怪的意料之外的结果。假释犯在任何时候,因为诸如未通过毒品检测等违规行为而被送回监狱时,他的假释刑期就会停止计算,不将他这一段本来应该接受假释监管的时间计算在内,并进一步增加假释的案件数量。这个过程被称为"通过分期付款实现终身的刑罚"。一旦一个人处于假释期间,就很难摆脱这一状态。假释期相对较长、假释期间服从规定率较低以及对于违规的假释犯几乎必然送回监狱的程序,这三方面结合在一起的结果是,几乎板上钉钉地保证了在监狱服刑的人数还将继续增长。事实上,加利福尼

---

① Grattet, Ryken, Joan Petersilia, and Jeffrey Lin. 2008. "Parole Violations and Revocations in California." Research Report NCJ 224521. Washington, DC: National Institute of Justice. http://www.ojp.gov/ncjrs/virtual-library/abstract/parole-violation-and-revocations-california.

亚州2008年初发布的内部预测认为,在监狱服刑的人数将在几年内再增加2万人。①

再加上加利福尼亚州面临的巨大财政危机,包括共和党州长阿诺德·施瓦辛格(Arnold Schwarzenegger)在内的很多人,已经就假释制度应当进行改革达成了广泛的共识。如何进行改革的答案看上去很简单:让假释官别再把那么多因为假释违规的假释犯送回监狱去。相反,应当给假释官提供广泛的中等程度的处罚措施,包括毒品戒瘾治疗、心理健康咨询以及中途之家(halfway houses)等。"自1990年以来,大约已经发表了一打有关加利福尼亚监狱系统危机的报告,都主张应当进行重大的改革,"犯罪学家彼得斯拉写道,"他们的建议在本质上是相同的,包括拓展帮助罪犯回归社会的项目,使用标准化的风险评估工具,以及适用于低再犯风险假释违规者的一套中等程度的处罚措施。"②

对小胡佛委员会来说,未能从失败中吸取经验教训是不可原谅的——看上去加利福尼亚州政府似乎有意忽略了之前的委员会在之前的报告中所提出的建议。小胡佛委员会声明:"州政府已经知道答案是什么。但多年来,立法者和政府官员没能做好他们的工作。"③或者如同

---

① Grattet, Ryken, Joan Petersilia, and Jeffrey Lin. 2008. "Parole Violations and Revocations in California." Research Report NCJ 224521. Washington, DC: National Institute of Justice. http://www.ojp.gov/ncjrs/virtual-library/abstract/parole-violation-and-revocations-california.

② Petersilia, Joan. 2008. "Influencing Public Policy: An Embedded Criminologist Reflects on California Prison Reform." *Journal of Experimental Criminology* 4(4): 335—356, p. 341.

③ Little Hoover Commission. 2007. "Solving California's Corrections Crisis: Time Is Running Out." Sacramento, State of California, Little Hoover Commission. http://www.lhc.ca.gov/sites/lhc.ca.gov/files/Reports/185/report185.html.

彼得斯拉所指出的:"所有人都知道应该采取什么措施。但没有人愿意去解决这个问题。"①在加利福尼亚,刑事司法官员和学者几乎就加利福尼亚假释制度存在什么样的问题以及如何解决这个问题的框架性方案达成了一致意见。那么,为什么没有实质性的改变呢?

一个时代的结束

为了理解加利福尼亚州所面临的困境,从理查德·麦基(Richard McGee)和卡方检验(chi-square)的故事开始说起会是很有帮助的。这个故事在丹尼尔·格拉泽的著作《为罪犯准备守法的生活:理查德·A.麦基开创的监狱管理学》中得到了重述。②

作为训练有素的教育家,麦基以一个享有盛誉的矫正制度改革者的身份来到加利福尼亚州。作为纽约市赖克斯岛(Riker's Island)的首任典狱长*,麦基曾经与富兰克林·德拉诺·罗斯福总统(President Franklin Delano Roosevelt)的公共事业振兴署(Works Progress Administration)一起工作,在监狱中建设一个示范性的社会服务

---

① Petersilia, Joan. 2008. "Influencing Public Policy: An Embedded Criminologist Reflects on California Prison Reform." *Journal of Experimental Criminology* 4(4): 335—356, p.341.

② Glaser, Daniel. 1995. *Preparing Convicts for Law-Abiding Lives: The Pioneering Penology of Richard A. McGee*. Albany: State University of New York Press.

* 赖克斯岛是纽约市布朗克斯(Bronx)区的一个岛屿,岛屿有一条不对公众开放的桥梁与纽约市皇后区(Queen)相连。赖克斯岛上分布着各类由纽约市矫正与缓刑局(New York City Departments of Correction and Probation)管理的羁押场所,包括监狱、看守所以及未成年人羁押场所。——译者注

单位。这个单位包括教室、藏书量充足的图书馆、休闲空间和一个能容纳 30 件乐器组成的管弦乐队进行排练的房间。

加利福尼亚州的沃伦州长（Governor Warren）于 1944 年任命麦基担任加利福尼亚州矫正系统首任主任。那个时候的矫正管理与现在完全不同。首先，最简单的是任期上的差别：麦基担任了 23 年的主任，与最近 5 年内更换 3 次主任形成了鲜明的对比。在 1940 年，加利福尼亚州只有 8000 多监狱服刑人员和少量的监狱设施。到 1970 年，全州的人口数翻了 3 倍，监狱服刑人员的数量也翻了 3 倍。换言之，在麦基管理全州矫正系统期间，加利福尼亚州将人送至监狱服刑的比率几乎没有变化：每 10 万人中，1940 年有 118 人被送至监狱服刑；而在 1970 年则为 125 人（现在则接近于 500 人）。

麦基和与他同一时代的矫正领域的同行们，在制定政策方面享有相对较大的自行决定的权力。在那个时候，加利福尼亚仍然采用不确定的量刑结构（indeterminate sentencing structure）*，这赋予了假释委员会广泛的自由裁量权。例如，以抢劫的罪名定罪后可以判处的刑罚从 5 年有期徒刑到无期徒刑，如果假释委员会认为这个服刑人员已经改造完成，则有权在服刑满 5 年后的任意时间释放他。①

麦基是一个不知疲倦、精力充沛的创新者，他重视研

---

* 不确定量刑是指以宽泛的自由裁量和每个罪犯受到的处罚有可能存在很大变异为特征的量刑结构。不确定量刑以两种方式允许处罚的不同，一是立法机关只设定较大的量刑范围，给予法官较大的自由空间，在立法规定的范围判处较轻或较重的刑罚；二是法官判处不确定的刑罚，由假释官员来决定罪犯实际上应该被监禁的时间。——译者注

① *Los Angeles Times*, "Jerry Brown Calls Sentencing Law a Failure," February 28, 2003.

究的价值,还鞭策他的属下去尝试新的做法。作为矫正系统的领导,他成就斐然:在监狱设施方面实现不同种族之间的融合;在监狱内引入一系列有关技能培训、教育以及治疗的项目;为假释犯建造中途之家;花费 17 年的努力来劝说州议会把因减少监禁而节省下来的费用重新分配给郡一级的缓刑官。"很难找回往日时光的那种兴奋感觉了,"麦基的一位关系密切的助手回忆,"那个时候,很难想象一年中会没有任何新的试点……或者没有新的研究,或者没有新的培训项目来引导人们去做他们之前认为不能做的事情……所有的参与者都确信他们正在引领着一些重大的改进,参与其中真的是一段令人兴奋的经历。"①

麦基希望能把矫正系统所有的工作人员都纳入他的改革视野。监狱的警卫被鼓励去领导团体咨询会议,组织与囚犯的日常会议来讨论监狱的相关事项,目的在于使每个工作人员都成为"治疗团队的一部分"。正如麦基所指出的,"所有的员工,我们不在意他究竟属于哪个部门……都有责任来处理他所监管的人的情感和个人问题。他有责任在监所内营造一个可供人成长和发展的氛围,而不是让人感到压迫和比刚到监狱时更加痛苦。"②

这就把我们带到了有关卡方检验的故事中,卡方检验是一种相对模糊的统计技术。有一天,麦基给一位在瓦卡维尔(Vacaville)监狱工作的研究人员打了一个电话,这让对方很吃惊。"(麦基)说他正在做一些比较工作,但却忘了如何计算卡方,"这位研究人员回忆道,"我

---

① Glaser, Daniel. 1995. *Preparing Convicts for Law-Abiding Lives: The Pioneering Penology of Richard A. McGee*. Albany: State University of New York Press, pp. 39—40.

② Ibid., p. 74.

告诉了他,他对我表示感谢,我没有就他想要解决的问题了解更多。但我至今依然印象深刻的是,他采用这种谨慎的实证方法来对他必须作出决定的一些管理问题进行假设检验,而且是他自己在做这样的分析。"①

从今天有关犯罪问题的讨论高度政治化的角度来看,一个州矫正系统的领导有时间亲自削铅笔并进行卡方分析,听上去几乎让人感动。但这件事突出强调了一个重要的问题:在麦基那个年代,矫正政策被认为是类似于科学的事情,而刑事司法官员在设定政策方面则被赋予广泛的自由。

麦基治理的时间终止于1966年,罗纳德·里根(Ronald Reagan)当选为加利福尼亚州州长。里根执政时采用严厉打击犯罪的政策,这是一个先兆。公众的态度也发生了变化。不久以后,即便是自由主义者也加入了这一行列:民主党州长杰瑞·布朗(Jerry Brown)于1977年签署了加利福尼亚州的确定量刑法案(determinate sentencing law),取消了假释委员会提前释放罪犯的权力,并将假释监管的期间从1年延长到3年。

犯罪的政治化

随着1977年确定量刑法案的签署,加利福尼亚州矫正罪犯的方法被彻底改变了。像理查德·麦基那样,能相对自由地设置刑事政策的日子一去不返。取而代之的是,控

---

① Glaser, Daniel. 1995. *Preparing Convicts for Law-Abiding Lives: The Pioneering Penology of Richard A. McGee*. Albany: State University of New York Press, pp. 119—120.

制犯罪的日常事务基本上已经从"不经由选举产生的"矫正官员、法官和假释委员会手中，转移给需要"对选民负责"并经选举产生的州长、议会议员和地区检察官了。

这是一个全国性的趋势。到20世纪90年代，几乎所有州都放弃了不确定量刑的结构，通过了"诚实判决"(truth in sentencing)法案，要求罪犯必须服满全部或者绝大部分由法官所确定的刑期。这种转变是一个非同寻常的政治联盟的产物。在希望限制像麦基这样的刑事司法官员的自由裁量权方面，自由派和保守派达成了一致。自由派坚信，假释委员会的决定武断并且建立在种族歧视的基础之上；而保守派则认为，假释委员会脱离现实，全都是由那些不顾所有证据、天真地相信罪犯可以再社会化的人组成的。事实上，两方面的批评都是很有依据的。事实证明，假释委员会在判断哪些罪犯释放到社区里是安全的这个问题上的表现是非常糟糕的，这主要是因为他们依赖于一个非正式、临时性的，又充满歧视的程序来作出决定。在20世纪70年代和80年代，有大量的研究都围绕唯一的一个主题：赋予刑事司法官员无限制的自由裁量权是一个糟糕的主意。①

然而结果是，设定刑事司法政策的职权被整体转移给了选举产生的官员，而后者只喜欢通过新的法律来强化犯罪者所应承担的刑事责任。根据小胡佛委员会的调查，在加利福尼亚州的刑法典中，散布着超过1000项有关重罪如何量刑的法律和超过100项如何提高对重罪量刑的规定。在小胡佛委员会看来，这种"缺乏统一指导思

---

① Simon, Jonathan. 2005. "Reversal of Fortune: The Resurgence of Individual Risk Assessment in Criminal Justice." *Annual Review of Law and Social Sciences* 1: 397—421.

想与策略、混乱的如同迷宫似的法律"为加利福尼亚州监狱服刑人数的增长"贡献"颇多。① 但加利福尼亚州监狱的状况却跟不上监狱服刑人员数量的增长：尽管自20世纪80年代以来，已经修建了21座新的监狱并因此花费了纳税人数十亿美元，加利福尼亚州监狱容纳的人数通常都两倍或三倍于这些监狱的设计容量。

正如犯罪学家弗兰克·齐姆林（Frank Zimring）、戈登·霍金斯（Gordon Hawkins）和山姆·卡明（Sam Kamin）在他们的著作《惩罚与民主》中所指出的，这种职权上的范式转换，背后的关键因素不仅仅在于希望严厉惩罚犯罪，还有"对专业知识信任的削弱"：

> 社会赋予刑事司法专家以权威，帮助立法、行政和司法层面的刑事司法政策与民粹主义情绪（通常是要求更严厉的惩罚）保持一定的独立性……近几年的变化是，将公众情绪与刑事司法领域的决定隔离开来的东西消失了……如果对于犯罪的惩罚不是一种科学，为什么不把惩罚犯罪的政策单独作为最适合民选议员进行的政治活动的一种呢？②

在加利福尼亚，结果是麦基留下的所有遗产都被一扫而空，无论是好的还是坏的。由于所有的资金都用于建造和维护监狱，麦基所力主的帮助罪犯再社会化的项目也几乎不再会有资金支持。在麦基的时代，监狱警卫

---

① Little Hoover Commission. 2007. "Solving California's Corrections Crisis: Time Is Running Out." Sacramento, State of California, Little Hoover Commission. http://www.lhc.ca.gov/sites/lhc.ca.gov/files/Reports/185/report185.html.

② Zimring, Franklin E., Gordon Hawkins, and Sam Kamin. 2001. *Punishment and Democracy: Three Strikes and You're Out in California*. New York: Oxford University Press, p.15.

自愿领导社会服务团体;而现在,他们必然只能专注于如何管束日益增长的服刑人员。也许最显著的变化是,矫正系统内不再重视研究与试点——加利福尼亚州矫正局在20世纪90年代后期解散了内设的研究部门。

改变了的工作

从理查德·麦基的年代到1977年《确定量刑法案》签署直至现在,在追踪加利福尼亚州刑事政策变化的故事中,一个突出的主题是:刑事司法官员一方面中断了与研究人员的交流,另一方面也不再与民选官员及公众互动。在理查德·麦基的年代,权力的天平过于向刑事司法官员倾斜,使他们有过多的自由决定权而对公众的关注回应不足。现在却恰恰相反,加利福尼亚的情况是,重新恢复平衡几乎是不可能的。

与理查德·麦基的时代相比,矫正管理官员的工作变化巨大以至于俨然已经面目全非。能够给予诸如麦基这样的个人的名誉和尊重,绝大部分已经不复存在。"这是个受政治影响很大并且令人筋疲力尽的工作岗位,"加利福尼亚州成年犯假释运行主管(director of adult parole operations)托马斯·霍夫曼(Thomas Hoffman)说,"我们的机构处于严密的监管之下……每一天都有一些'火烧眉毛'的事情需要处理。"①

对加利福尼亚州矫正系统的指责无处不在。加利福尼亚州的刑事司法官员所作出的决定也损害了他们自己的权威。解散内设的研究部门可能有短期的财政原因,

---

① 2008年12月19日对托马斯(汤姆)·霍夫曼的访谈。

但结果却是从麦基的继任者们手中剥夺了一项争取矫正政策的有利工具。在一份关于这个十年的前半段时间里矫正系统现实状况的评价中,彼得斯拉教授写下了如下带有讽刺意义的评价:

> 加利福尼亚州的矫正系统事实上已经与研究工作毫无关联,而矫正政策的制定也因此受累颇多。在决定实施哪些矫正项目时几乎不考虑那些严谨的证据,而对于已经实施的项目,也几乎不对其效果进行评估。雪上加霜的是,加利福尼亚州的刑事司法官员在专业领域已经孤立。他们很少聘请州外的矫正领域的专业人士,他们不参加全国性的专业组织,例如美国矫正协会(American Correctional Association),也不参加专业会议,他们本可以从这些专业会议中了解到矫正领域循证实践的最新进展,以及有关矫正领域到底哪些措施有效果的海量文献。

在彼得斯拉看来,结果是,加利福尼亚州与"全国最佳实践的差距越拉越远"。①

"嵌入式"的犯罪学家

2004年2月,加利福尼亚州矫正局副局长凯斯·卡鲁斯(Keith Carruth)飞赴加利福尼亚大学尔湾分校,试图说服彼得斯拉教授来帮助他们摆脱目前的困境。

如果加利福尼亚州想在矫正政策上回复到与"全国

---

① Petersilia, Joan. 2008. "Influencing Public Policy: An Embedded Criminologist Reflects on California Prison Reform." *Journal of Experimental Criminology* 4(4): 335—356, p.343.

最佳实践"步调一致的状况,彼得斯拉正是他们所需要的那类专家。她曾经于20世纪70年代加入兰德公司(RAND Corporation)——一个总部位于圣塔莫尼卡(Santa Monica)——的智库,并在那里工作了20年。随着时间的逝去,她对于加利福尼亚州惩罚犯罪的方法越来越失望,并开始将她的专业知识贡献于加利福尼亚州以外的地方。她最初对卡鲁斯的答复非常直率:"我告诉(他),我不想再去萨克拉门托(加利福尼亚州首府)了。"彼得斯拉基本上已经放弃了她的家乡。"我花费了20多年的时间去努力影响加利福尼亚的刑事政策……但我只能说,我的努力几乎都石沉大海了。"[1]

在尔湾分校的会面中,卡鲁斯采取各种方法来消除彼得斯拉的抵触情绪,告诉她最近当选的州长施瓦辛格非常重视监狱改革的问题,并为其在州政府的最高层提供了一个相应的职位。这是一种有效的谈判策略。"我还能拒绝吗?"彼得斯拉写道,"对我来说,也是时候不再只是谈论学者在有机会时能为政策制定者提供哪些帮助,而应该开始通过实践看看是否真的能作出积极的贡献。"[2]

即将到来的任务并不轻松。理查德·麦基时代的刑事司法官员总是习惯于在制定和实施刑事政策方面有较大的自由裁量权,以至于他们对于就此提出的指责因为缺乏准备而措手不及。如果彼得斯拉和其他人希望减少加利福尼亚的监禁刑适用,他们就必须发起一次政治斗争,来要回一些已经失去多年的信任和自由裁量权。

在接下来的4年里,彼得斯拉穿梭于加利福尼亚大

---

[1] Petersilia, Joan. 2008. "Influencing Public Policy: An Embedded Criminologist Reflects on California Prison Reform." *Journal of Experimental Criminology* 4(4): 335—356, p.338.

[2] Ibid., p.339.

学尔湾分校和一系列州政府高层人士与约见之间。最初的一年,她担任了矫正局局长罗德里克·希克曼(Roderick Hickman)的特别顾问。然后她回到尔湾分校在州政府的支持下创建了循证矫正中心(Center for Evidence-Based Corrections)。之后她又向大学请了两个延长了的假期,来担任致力于矫正制度改革的委员会主席。她称她自己是一个"嵌入式"(embedded)的犯罪学家。

即使是按照她自己的算法,彼得斯拉在这 4 年里做的事情也是喜忧参半的。彼得斯拉鼓励矫正局加强自身在提议、执行和评估需要进行的改革措施方面的能力。例如,在彼得斯拉的推动下,一个新的有关政策、规划和研究的办公室于 2005 年 7 月成立。与此同时,矫正局也更名为加利福尼亚州矫正与更生局(California Department of Corrections and Rehabilitation,CDCR),当时全美国只有三个州将"更生"一词放到州一级机构的名称中(另外两个州为俄亥俄州和北达科他州)。在宣布机构将更名时,施瓦辛格州长说,"这是加利福尼亚州矫正系统全新的一天。在强调惩罚 30 年后,更生又重新回到我们的视野之中"。①

尽管取得了一些成功,但很快发现,加利福尼亚州与犯罪相关的政治问题不可能经由名称上的简单变化就能够解决。在 2004 年,罗德里克·希克曼局长宣布了一项雄心勃勃的计划,拟对假释制度进行改革,并称之为"全新的假释模式"(new parole model),他预计通过这一改革可以减少 15000 名监狱服刑人员。但是,就在第二年,一个从管束严密的毒品戒瘾治疗项目中偷跑出去的假释犯,在 3 天内实

---

① "Governor Schwarzenegger Appoints Secretary and Staff of the Department of Corrections and Rehabilitation." Press release from Office of the Governor, July 1, 2005.

施大量犯罪的事件就使这一改革努力被放弃。

通过新闻媒体对这个案件的报道,进而暴露出一个问题:关于哪些人可以适用这个全新的假释模式的指导原则并不清晰(在这类案件典型的"深挖"的后续报道中,新闻媒体甚至对负责这个案件的假释官及其主管都点了名)。"我们在这个项目的执行方面确实做得不够好,"希克曼承认这一点,并于2005年2月辞去了局长职务。① 接替希克曼的新任局长在任职几个月后也提交了辞呈。在当年的4月份,一位联邦法院的法官掌管了监狱的医疗保健系统。在2006年5月,在新闻媒体揭发出性犯罪的罪犯被安置在迪士尼乐园附近的酒店后,加利福尼亚州的首席假释官因此而被解雇。这些事件导致媒体上出现了大量的负面报道。《华盛顿邮报》在一篇题为"加利福尼亚监狱系统的危机威胁到公众"的文章中总结了所有这些故事。②

2007年5月,施瓦辛格州长签署了《公共安全与罪犯更生服务法》(Public Safety and Offender Rehabilitation Services Act)。这一法案批准建设53 000个新的监狱与看守所的床位,总计费用达到74亿美元;同时还将推动加利福尼亚州在罪犯的更生和重新回归社会的服务方面投入更多。其中将设置在州监狱内的所有40 000个床位——其他13 000个床位则用于改善郡级看守所人满为患的状况——都预留给需要心理健康和教育方面服务的服刑人员。同时,这一法案还呼吁建造30个"离监后重归社会"(prison reentry)中心(即为准备假释的服刑人员在离他们家所在社区较近的地方提供住宿的机构),以能

---

① *The Washington Post*,"California's Crisis in Prison Systems a Threat to Public." June 11, 2006.
② Id.

够为16 000名罪犯提供最长可达一年的住宿。"我们准备建造一些地方以便于服刑人员能够掌握工作技能,"彼得斯拉在签署仪式上说,"我们准备提升服刑人员的识字率。我们也能够提供良好的、可靠的毒品戒瘾治疗项目。"①然而,16个月以后,这一法案仍然未获通过。在加利福尼亚州矫正与更生局对计划做了些细微改动后,共和党和民主党仍然无法对这一被称为"清理"(cleanup)的法案达成一致。这使监狱改革仍然深陷立法僵局之中。②

对于矫正与更生局来说,还有来自另一方面的失望,就是即使是深思熟虑的改革计划,也会在没有就其有效性进行完整检验的情况下被悄然放弃。多年来,彼得斯拉一直力劝加利福尼亚州可以采用一种"好好表现提前释放"(earned-discharge)的模式,即允许对一些假释犯在3年假释期满之前就结束对其的假释监管。1977年的确定量刑法律,事实上把所有被释放的罪犯的假释期从1年增长至3年,这给加利福尼亚假释系统(以及加利福尼亚的纳税人)带来了沉重的负担,但却鲜有得到证实的效果。研究显示,对于大部分假释犯来说,假释监管的效果在第15个月以后就开始下降。"好好表现提前释放"模式的要旨在于通过合理安排,把更多的资源用于监管高风险的犯罪者,但同时又把假释期可能提前结束作为促使低风险和中风险假释犯遵守假释规定的动力。③ 在这一模式中,没有重新犯罪并成功地完成毒品戒瘾治疗或其他项目的假释犯,在假释6个月以后,可能因为符合条

---

① *Sacramento Bee*,"California Prison Package Hailed." May 4, 2007.
② *Sacramento Bee*,"Deal Stalls on California Prisons." September 25, 2008.
③ Petersilia, Joan. 2007. "Employ Behavioral Contracting for 'Earned Discharge' Parole." *Criminology and Public Policy* 6(4): 807—814.

件而提前结束假释监管。

理论上来说,"好好表现提前释放"的政策能为加利福尼亚州带来双赢,因为可以在使假释监管更为有效的同时,减少因为假释违规而可能被送回监狱的人数。2007年秋季,矫正与更生局备受瞩目地宣布,打算在奥兰治郡(Orange County)和圣博娜迪诺郡(San Bernandino County)试点"好好表现提前释放"的做法,并充满信心地预测这一模式将于2008年年中时在全加利福尼亚州铺开适用。① 在矫正与更生局的支持下,彼得斯拉在《洛杉矶时报》(Los Angeles Times)上发表了一篇名为"假释,正确之路"的专栏文章来解释这一项目。②

然而,这一项目也受困于加利福尼亚脆弱的政治环境而从未正式实施。强势的加利福尼亚州矫正治安官协会(California Correctional Peace Officers Association,代表了假释官和监狱警卫)出面反对这一项目。虽然公开的理由是放弃对一部分假释犯的假释监管会危及公共安全,但推测认为,他们提出反对的真正理由是担心假释的案件数量下降后,假释官会因此失去工作。③ "好好表现提前释放项目获得如此多的政治关注,以至于我们从未在这一试点项目中提前释放任何人,"汤姆·霍夫曼说。④

很多议员和资深官员一致认为,在需要进行的监狱和假释改革都困于无尽僵局的情况下,加利福尼亚州已经来到了一个转折点。"这是对未来的预测,对于我们必

---

① *The Orange County Register*,"Orange County Would Test Shorter Parole Terms for Non-violent Criminals." September 18, 2007.

② Petersilia, Joan. 2007. "Parole, the Right Way." *Los Angeles Times*, October 8.

③ *The Orange County Register*,"Orange County Would Test."

④ 2008年12月19日对汤姆·霍夫曼的访谈。

然遇到的情况的预测,在未来,像现在这样的问题只会越来越严重,"民主党州参议员迈克尔·马查多(Mike Machado)说,"我们无法解决大的问题。"①好像是为了给这个结论提供更多的论据支撑,2009年,在一场看似徒劳的法律争斗中,加利福尼亚州的政治体制再次被束缚住了。这场争斗是为了解除法院任命的联邦收款员 J. 克拉克·凯尔索(J. Clark Kelso)的职务,凯尔索当时正在向新的监狱医疗保健基金申请80亿美元的经费。② 州政府的努力——由施瓦辛格州长和首席检察官布朗(Brown)共同提出的申请——于2009年3月被负责审查这一案件的联邦法官立刻拒绝了。③

加利福尼亚州唯一的希望来源非同寻常:财政危机。面对2009年度260亿美元的财政赤字,施瓦辛格州长和州议会没什么选择,只能忍痛削减加利福尼亚矫正系统12亿美元的预算。为了节省下这些预算,矫正机关计划从监狱中释放低风险罪犯中的几类人,并把他们拘禁在家中(house arrest)。在这一政策之下,对于实施了低级别违规行为的假释犯,将采用全球定位系统(a global positioning system)进行监控,而不是送回监狱去。对此,《旧金山记事报》(San Francisco Chronicle)编辑部用满怀希望的口吻评价道:"当涉及加利福尼亚支离破碎的监狱系统时,财政危机可能最终帮助我们做了正确的事情,因为我们别无选择了。"④

---

① *Sacramento Bee*,"Deal Stalls."
② *The New York Times*,"California Asks Removal of Prisons Overseer." January 28,2009.
③ *The New York Times*,"California: Prison System Receiver Stays." March 25,2009.
④ *San Francisco Chronicle*,"No More Options in State Prisons' Future." August 2,2009.

新的工具

2009年因为预算的原因达成的妥协是否意味着加利福尼亚州假释制度改革即将步入一个新的时代呢？历史告诉我们，改革者应当对那些宣告式的胜利保持特别的警惕。虽然现在就对2009年的改革措施进行全面评价为时尚早，但有一点是确定无疑的：任何假释制度改革的成功不仅依赖于州长、州议会议员以及新闻媒体编辑部的评论作家，也依赖于像劳尔·桑多瓦尔这样的假释官。让我们回到本章开始时的故事：在丘拉维斯塔开展的假释违规决定评估表试点项目。

与加利福尼亚州刑事司法系统的其他所有部门一样，假释官的工作在最近几十年里有了翻天覆地的变化。曾经赋予假释官的广阔工作空间已经被多层次地向上级报告的机制和铺天盖地的文书工作所取代（事实上，在丘拉维斯塔，假释官对假释违规决定评估表试点最普遍的抱怨是增加了更多的文书工作）。①

尽管有这些变化，但假释官仍然保留了相当程度的自由裁量权。这一事实与迈克尔·利普斯基（Michael Lipsky）在他的著作《街头官僚》（*Street-Level Bureaucracy*）一书中强调的真相吻合：政策如何得到实施最终取决于那些执行政策的人。② 在每一年有18.7万起假释违规行为的情况下，像劳尔·桑多瓦尔一样的假释官作出的

---

① 2008年1月20日对劳尔·桑多瓦尔的访谈。
② Lipsky, Michael. 1980. *Street-Level Bureaucracy: Dilemmas of the Individual in Public Services*. New York: Russell Sage Foundation.

每一项决定都可能有深远的影响。在任何情况下，撤销假释转至假释听证委员会处理的建议几乎都会导致假释犯被重新送回监狱。

所有引导加利福尼亚州假释官日常工作的激励机制都指向同一方向——把假释犯重新送回监狱，设计假释违规决定评估表希望解决这一问题。一方面，对于假释违规行为采用以社区为基础的替代性惩罚措施非常困难。这意味着需要花费很多的时间来打很多电话，以使假释犯进入某一项治疗项目中，也意味着需要花费更多的时间来跟进假释犯在治疗项目中的情况。直接建议撤销假释则简单得多。

设计假释违规决定评估表的目的在于：为作出决定的过程引入更多的责任。它促使假释官在建议对低风险或中风险假释犯撤销假释时给出他们的理由。同样重要的是，假释违规决定评估表在理论上能够给假释官提供政治上的掩护。当假释官决定假释犯可以继续在社区中执行假释时，总存在这样的风险：这个假释犯会出去犯下耸人听闻的罪行。在加利福尼亚州，这可能是一种假释官自毁前程的做法：一个假释官可能在某个早晨醒来时发现自己的照片已经因此而登上了报纸的头版。在圣迭戈（San Diego）假释管理员玛丽查·罗德里格斯（Maritza Rodriguez）看来，这种情况导致的结果是，在假释官心目中，占主导地位的指导思想是"监禁很安全。我们会把已经当了奶奶的假释犯也送回监狱"。[1]《缩小监狱规模》一书的作者迈克尔·雅各布森更直截了当地指出："没有一个假释官会因为把假释违规的人送回监狱而被解雇。"[2]

---

[1] 2009 年 1 月 21 日对玛丽查·罗德里格斯的访谈。
[2] 2010 年 5 月 6 日与迈克尔·雅各布森的私下交流。

通过把最终的处理决定与再犯风险的评估捆绑在一起,矫正部门有效地指出,对于大多数假释犯来说,送回监狱并不是处理假释违规行为的最佳选择。至少在理论上,当假释官按照假释违规决定评估表的建议作出处理时,就很难再把责任归咎于假释官。

最后,设计假释违规决定评估表的目的还在于解决一个长期困扰假释管理人员并与直观感受相悖的问题。一般的假设是,在案件量过大的重压之下,假释部门在监管假释犯方面做得很少。但是,研究和经验都显示,过多的监管也会带来风险:假释犯被盯得越紧,就越容易逮到他们违反假释规定的行为。过于强化的监管会提升假释犯在假释期间违规的风险已经有了充分的研究支持,其中还包括了一项由苏珊·特纳(Susan Turner)和琼·彼得斯拉所进行的一项里程碑式的研究成果。[1]

---

[1] 苏珊·特纳和琼·彼得斯拉于20世纪80年代中期在休斯顿开展此项研究,名为"休斯顿强化监督假释"(Houston Intensive Supervision Parole,简称为ISP)项目。她们在项目中跟踪了458名被分配到ISP项目中为期1年的假释犯。与正常状况下的假释犯相比,这些假释犯与他们的假释官有更多的联系(每个月平均联系次数为6.5次,而进行常规假释监督的对比组月均联系次数为2.5次);监管这些假释犯的假释官需要处理的案件较少(一个人只需处理25个案件,而对比组则为85个案件);有更多的机会接受家庭治疗(family therapy)或毒品戒瘾治疗(55%的假释犯接受了这些服务,而对比组只有32%);更经常地进行毒品检测(84%的假释犯进行了毒品检测,而对比组为9%)。但试点的结果却令人沮丧。在重新犯罪方面ISP组与对比组并无差别。但休斯顿的ISP组人均有2.2次假释违规行为,对比组则仅为人均0.4次。在某种程度上,这一结果是由于更为频繁的毒品检测所造成的:几乎所有的ISP组假释犯都进行了毒品检测,其中有70%的人检测结果为阳性,但对比组中只有3%的假释犯检测为阳性。一年的实验期间结束以后,ISP组中有35%的假释犯被送回了监狱,而对比组这一方面的比率为20%。如果把监管、法院和羁押的所有费用都算在一起,对于休斯顿ISP组假释犯每人平均花费6788美元,而对比组则仅为3960美元。参见Turner, Susan, and Joan Petersilia. 1992. "Focusing on High-Risk Parolees: An Experiment to Reduce Commitments to the Texas Department of Corrections." *Journal of Research in Crime and Delinquency* 29(1): 34—61.

桑多瓦尔的选择

桑多瓦尔与威利的互动过程正是加利福尼亚州所面对的挑战和所寻求的改变的一个缩影。正如小胡佛委员会着重强调的，很容易判断的是，加利福尼亚州需要停止在监狱和假释之间的摇摆不定。但是在个案中如何作出具体的选择则是个难题。

桑多瓦尔处理假释犯的经验告诉他，如果威利想要停止他混乱不堪的生活，他所需要的就绝不仅仅是口头的警告，而且很清楚的是，威利的妈妈不希望他继续和她住在一起。但威利对公众构成威胁了吗？威利存在风险的本质是什么？似乎非常简单的是，威利应当离开他妈妈的住处，并被安置在一个能够被细致监管并为其提供一些服务的机构里。但这种方法也存在危险性。最明显的危险是，威利可能不向这一机构报到或者可能在那里行为不端。当假释违规行为积攒起来时，桑多瓦尔会面临更少的选择，而必须作出一个更为艰难的决定。在这种假设的场景之下，即使威利未实施新的犯罪，也会仅仅因为他的假释官完全出于自我保护的意图而最终被送回监狱。假释违规决定评估表迫使桑多瓦尔必须经过两次深思熟虑才能决定将威利送回监狱，也迫使他将假释犯的再犯风险作为审查决定时要考虑的首要的、核心的因素。

在短暂的沉思之后，桑多瓦尔决定，威利的假释违规行为已经足够严重到推翻假释违规决定评估表的建议了。按照要求的程序，桑多瓦尔向他的主管概述了他的主要观点,主管也认同将威利转介至假释犯资源中心是个不错的选择。"他已经连续6个月没有工作了,"主管在浏览了威利的档案后发现,"这家伙到底发生了什么事?"

桑多瓦尔回到他的办公室,敲击电脑进入假释违规决定评估表推荐的处理措施部分,小心地标注未采用推荐的措施,并点击一系列的选项来解释他的决定,包括"极度不稳定的家庭状况""假释犯显示出没有自我支持的能力"和"在推荐采取的处理措施级别上没有合适的项目"。这花费了他几分钟的时间。结果是,假释犯资源中心目前并没有空余的床位,因此桑多瓦尔要求威利每天早上八点钟给中心打电话,直到有床位为止。同时,桑多瓦尔还严厉地要求威利遵守他的承诺,搬离他妈妈的住处。

桑多瓦尔重新埋首于他桌上成堆的文件之中。他还有其他的假释违规行为需要考虑如何处理。按照矫正部门新的计算方法,威利的案件在目前这个阶段仍被视为一个成功的案件,因为他仍然被放置在监狱之外。但是如果毒品检测的结果呈阳性,或者他没有好好努力来进入假释犯资源中心,威利会发现,自己距离被送回监狱已经不远了。威利的命运尚悬而未决。

从某种意义上来说,加利福尼亚州假释制度改革的命运也悬而未决。几十年来,就应该采取什么样的措施来解决加利福尼亚州的问题,至少在刑事司法专家之间已经达成了广泛的共识:通过改变量刑的法律来减少监禁刑的适用、重新投资于再社会化项目以及系统制定新的处理假释违规行为的措施体系。尽管有了这些认识,但加利福尼亚州进入监狱服刑的人数和监狱的费用支出仍然每年不断攀升。

人们倾向于把加利福尼亚州的缺陷视作该州独特政治文化的产物,对公民表决提案机制(ballot initiatives)的过度适用,大大降低了州层面决策者的灵活性和矫正官员联盟所能运用的巨大政治力量。* 但对于刑事司法创新有兴趣的人来说,加利福尼亚州的挣扎还包含了更为广泛的教训。其中最为重要的是,加利福尼亚的故事凸显了在处理犯罪时需要面对的政治挑战:悲惨的案件常常登上头条新闻,而试图引入一些更为理性的作出决定的方法,却常常会以对犯罪过于软弱为由而被质疑。事实上,加利福尼亚州的共和党人已经将在2009年预算削减背景下推出的假释制度改革嘲讽为"简单化"地处理犯罪。而对于假释犯菲利普·加里多(Phillip Garrido)的令人发憷的指控——菲利普·加里多是一个经过登记的性犯罪者**,在2009年被指控囚禁一个11岁的女孩近20年——则进一步动摇了这个脆弱的妥协后的改革方案。①

然而在写作本书时,却传来了一些令人鼓舞的支持假释制度改革的消息:州众议院和参议院通过了一项法案,要求对假释犯实行双轨制,即暴力犯罪的罪犯(约占全部的60%)仍然需要接受为期3年的假释监管,而非暴

---

* 公民表决提案机制,是指公民可以以这种方式提出立法措施或修订州宪法。一些提案旨在废除现行的某项州立法。各州对将提案付诸选举投票所需要的签名人数有不同规定。这些提案在大多数情况下需经简单多数批准。——译者注

** 性犯罪者登记制度,是指要求实施性侵犯罪的罪犯在假释或刑满出狱后,必须向警方登记住所,并将其信息公布给社区知悉的制度。——译者注

① *The New York Times*,"California Officials Fear Abduction Case May Hurt Efforts on Parole." August 30,2009.

力犯罪的罪犯(约占全部的 40%)则会在 1 年的假释监管后采用管理性假释(administrative parole)的方式,或者按照彼得斯拉的说法称为"宽缓假释"(parole light)。这些改变也会将假释官人均负责的案件量从 70 件减少至 45 件,可以预期的是,这将使假释官有更多的时间来监管高风险的罪犯。①

这些改革措施尽管很大程度上源于加利福尼亚州巨大财政危机的驱使,但无论如何它们代表着主张假释制度改革者的胜利。同时,加利福尼亚州总监察(California inspector general)于 2009 年 11 月发布了一份措辞严厉的报告,表示加利福尼亚州假释制度仍有很远的路要走。这份报告审查了州政府对于菲利普·加里多案件的处理,其中包含颇多对于假释制度的严厉批评,并指出加利福尼亚州假释制度存在"超越加里多案件和危害公共安全以外的系统性问题"。②

加利福尼亚州经验的另一个教训是,虽然在州议会大厦里取得胜利非常困难,但仅有议会大厦里的胜利也不足以让改革者走得很远。几乎不可避免的是,假释制度改革的最终成败掌握在假释官桑多瓦尔和他的同事们手中,这些底层官员每年需要针对具体的假释犯作出几千个艰难的判断。没有了来自机构体系底层和顶层的同步支持,包括一线工作人员和州一级的官员,任何改革的努力注定都要走向失败。

---

① 截至 2009 年 9 月,这一法案仍然有待施瓦辛格州长签署。参见 *Christian Science Monitor*, "Dugard Case: Is California's Parole System Overstretched?" September 2, 2009.

② *The New York Times*, "Report Faults Parole System in Abduction." November 4, 2009.

第五章
超越简单解决方案：掌握康涅狄格州惨案中的政治因素

全美国最严厉的量刑法律酝酿于1992年的加利福尼亚州弗雷斯诺市（Fresno，California）。那时，当地一位摄影师18岁的女儿刚刚被一个假释犯所杀害。根据新闻记者乔·多明尼克（Joe Domanick）在他的著作《残酷的正义：三振出局与加利福尼亚州犯罪的政治因素》（Cruel Justice：Three Strikes and the Politics of Crime in America's Golden State）里的叙述，边克·雷诺（Mike Reynold）所提出的这一立法议案之所以被称为"三振出局"法，是因为这一议案要求，对已经有两次重罪记录的罪犯在第三次重罪罪名成立时,强制性地在25年有期徒刑以上至终身监禁之间量刑。尽管这一议案的内容简洁明了,但迈克·雷诺的主张一开始并未获得加利福尼亚州政坛的关注。然而,直到1993年10月,随着绑架杀害12岁少女波莉·克拉斯(Polly Klaas)案件的发生,一切都发生了变化。当时正准备开展连任竞选的共和党人州长皮特·威尔逊(Pete Wilson),将三振出局的理念采纳为其主张的首要政治观点。民主党人则因为担心被贴上对犯罪过于软弱的标签,也匆忙通过迈克·雷诺的议案而使之成为法律,而且一字未改。①

三振出局法只是当时全国性趋势的一个例子:在那些罕见的、被视为惨绝人寰事件的案件的基础上来制定刑事司法的政策。事实上,甚至可以这么认为,在过去几十年里,像谋杀波莉·克拉斯这样备受瞩目的悲剧性事件已经在很大程度上主导了公众对于犯罪的认识与讨论。这种趋势的一个显著标志就是,实践中常常以犯罪被害人的名字来命名某些法律,例如梅根法(Megan's Law)、肯德拉法(Kendra's Law)和劳拉法(Laura's Law)。②

试图保护公众免受危险的犯罪分子伤害可以理解,也值得赞赏。但是,政策制定者总是在付出惨痛代价后

---

① Domanick, Joe. 2004. *Cruel Justice: Three Strikes and the Politics of Crime in America's Golden State*. Berkeley: University of California Press.

② 举个例子,在20世纪90年代末期和21世纪初期,华盛顿州通过了五个以被害人名字命名的法律,包括"贝卡法"(Becca Bill)、"提卡·路易斯法"(Teekah Lewis Act)、"安东法"(Anton's Law)、"戴恩·雷姆普菲法"(Dane Rempfer Bill)以及"乔伊·莱维克法"(Joey Levick Bill)。参见Bruner, Jim. 2000. "Crime Laws Bear Names of Young Victims." *Seattle Times*, March 31.

才了解到,通过制定法律来回应公众的暴怒情绪,常常会导致意想不到的明显具有负面影响的结果。

加利福尼亚州的三振出局法就是一个很好的例证。一个问题是,在这一法律通过后的前几年里,对于因持有大麻被定罪的被告人适用"第三次重罪"的强制性量刑的数量,要多于适用于因谋杀、抢劫和绑架被第三次定罪的被告人的总和。① 另一个问题是,法律的规定导致情况相似的罪犯最终被判处的刑罚却天差地别,原因仅仅是他们实施多项犯罪的前后顺序不同。例如,先实施了一项重罪盗窃(这是"第一振"),之后再实施一项普通的盗窃(这是"第二振"而不是"第一振"),这样被判处的刑罚要比相反的前后顺序重得多。最后,三振出局法还使加利福尼亚州的监禁率飙升,并进一步使矫正系统的费用支出失去控制,这一点我们已经在前一章看到了。②

在刑事司法领域,"极端案件出坏法"(hard cases make bad law)这句法谚已经被反复验证。然而,刑事司法官员时常在危机中显得措手不及,在面对公众要求彻底、迅速处理个体犯罪行为的压力方面总是很无助。"如果你回过头去审视历史,你会发现在处理类似于威利·霍顿(Willie Horton)这样的事件时,相应的刑事政

---

① Zimring, Franklin E., Gordon Hawkins, and Sam Kamin. 2001. *Punishment and Democracy: Three Strikes and You're Out in California.* New York: Oxford University Press.

② 有研究者认为,三振出局法事实上使一些暴力犯罪变得更为暴力和严重。根据哈佛大学拉达·艾扬格(Radha Iyengar)的研究,可以适用三振出局法的犯罪者实施更为严重的暴力犯罪的可能性提升了9%。可能的解释是,犯罪者明白,实施一个更为暴力和严重的犯罪可能判处的刑罚也不会重于实施一个普通可以适用三振出局法的犯罪。参见 Iyengar, Radha. 2007. "I'd Rather Be Hanged for a Sheep than a Lamb: The Unintended Consequences of 'Three-Strikes' Laws." Harvard Labor Economics Seminar presentation paper. Cambridge, MA: Harvard University.

策总能够迅速地被炮制出来,"各州政府理事会(Council of State Governments)的量刑专家迈克尔·汤普森(Michael Thompson)说。① 他提到的臭名昭著的案件,说的是马萨诸塞州的一个监狱服刑人员从一个周末暂时离监计划(furlough program)中逃跑后,实施了持械抢劫和强奸的犯罪,这一案件因为 1988 年总统大选期间的选战而被大家所牢记。*

经验丰富的观察家都明白,从任何角度来说,刑事司法系统实际上都不是一个真正意义上的"系统"。相反,它是由一系列互相依赖、重叠的机构(法院、缓刑部门、警察部门、检察官办公室、假释部门、公设辩护部门以及其他部门)组成的,这些机构之间永远都存在着动态的紧张关系。这是一个复杂的机器,并不能很容易地生产出简单的解决方案。基于所有这些原因,就有理由去质疑,所有号称能够快速解决公众安全问题的办法是否合理。

虽然简单的解决方案也有可能失败,但仍然会有巨大的压力来推动实施这些方案。新闻媒体和公众在一些惨剧发生后所形成的愤怒情绪可能是排山倒海的。"当出现可怕的错误时,我们的压力山大,"美国缓刑与假释联合会主席加里·辛兹曼(Gary Hinzman)说,"然后公众

---

① 2009 年 2 月 12 日对迈克尔·汤普森的访谈。
* 1988 年美国总统选举对阵双方是副总统共和党人乔治·布什(George Herbert Bush,老布什)和马萨诸塞州州长民主党人迈克尔·杜卡基斯(Michael Dukakis)。在选举过程中,共和党以杜卡基斯在担任马萨诸塞州州长时发生的威利·霍顿案攻击其对于犯罪过于软弱的态度。威利·霍顿案从此为公众所知。威利·霍顿因极为凶残的犯罪被马萨诸塞州法庭判处终身监禁,永远不得假释,但之后由于适用周末暂时离监计划而得以离开监狱并实施了后续的犯罪。——译者注

会开始把我们和那些负面的事情挂起钩来。"①

这些负面反馈的循环存在,使刑事司法专业人员在真正需要作出改变的时候更倾向于保护自己。"假释部门和缓刑部门一直以来遭遇的情况和联邦紧急事务管理署(Federal Emergency Management Agency)在最近几年里遭遇的情况一样,"犯罪学家托德·克莱尔(Todd Clear)说。他指的是联邦紧急事务管理署因为在2005年卡特里娜飓风来袭时应对无力而饱受指责的情况。正如克莱尔所说的,不定期的和集中的负面反馈才是造成灾难的原因。"(刑事司法领域)的人们学会了自私自利,并对看上去不错的事物表现出不信任。同时,当哪里出现问题时,他们就开始否认。"②

我们之前所讨论过的所有改革措施——同意搜查项目、毒品法庭、停火行动以及假释违规决定评估表——都是在这样一个背景下开展的:一个服从于"流血事件吸引眼球"咒语的媒体文化;加上一个崇尚用简单方法解决复杂问题的政治氛围;以及倾向于规避风险的刑事司法共同体,虽然这种倾向可以理解。有没有什么路径可以跳出这样的背景呢?如果没有,是否有必要帮助那些致力于寻求理性决策过程的政策制定者,使他们在发生恶性案件时能够驾驭随之而来的"风暴"呢?回答这些问题需要绕道进入混乱不堪的政治领域,来讨论一个与众不同的避免失败的故事。

---

① 2008年8月29日对加里·辛兹曼的访谈。
② 2008年9月4日对托德·克莱尔的访谈。

康涅狄格州的一间教室

对于大学二年级的学生来说,很难让他们在早上八点的时候对刑事司法课程产生兴趣,但迈克·劳勒(Mike Lawlor)教授仍然愿意试一试。2009年2月,纽黑文(New Haven)的一个寒冷清晨,劳勒的讲课从芬威球场(Fenway Park)、在公众地方猥亵和电影《美国派》(*American Pie*)开始,以玩笑的口吻努力营造一种适度幽默的氛围。围绕前一晚发生的一个学生在清空宿舍人员后拉动火警警报并造成大量财产损失的事件,他组织了一场讨论。劳勒提出的问题是,检察官应该以什么罪名起诉这个学生。那天的课结束时,学生们在椅子上坐得更直,听得也更认真了。

劳勒在纽黑文大学(University of New Haven)担任教职已经超过10年了。但他又不仅仅是一位学者。与巴拉克·奥巴马总统在芝加哥大学(University of Chicago)时一样,劳勒也同时就职于康涅狄格州议会。这样的安排看上去对双方都很不错:劳勒可以给课堂带来其独特的视角,大学也让他根据立法日程来安排他的课程。

尽管如此,偶尔来到课堂上的人是很难发现劳勒的民选官员身份的,更不用说发现他是强有力的康涅狄格州司法委员会(Connecticut Judiciary Committee)的民主党联席主席。从本质上来说,劳勒是一位谦逊的人,他认为自己没有什么理由需要向他的学生们宣传他的身份和地位。"对于我作为一个政治家所做的事情,我不想谈得太多,"劳勒说。

劳勒在谈论他自己时是很谦虚的,但刑事司法领域的人们对他的评价却完全不同。例如,各州政府委员会(Council of State Governments)的迈克尔·汤普森基于劳勒的政治头脑与推动立法的能力,称其为"林登·约翰逊式"(Lyndon Johnson-esque)的人物。* 在康涅狄格州刑事司法系统改革方面,劳勒发挥了重要的作用,他说服共和党州长罗兰(Rowland)签署了一项为假释和监狱服刑人员回归社会项目提供重要资金的法案。虽然这一法案在最初有些争议,但最终在众议院和参议院表决时,却基本上都一致通过。到2007年年初时,康涅狄格州被认为在矫正领域居于全国领先地位,是为数不多的可以自称同时减少了犯罪发生和监狱服刑人数的几个州之一。①

　　2007年7月23日,当两个假释犯在康涅狄格州柴郡(Cheshire)因涉嫌实施令人毛骨悚然的入室犯罪而被逮捕时,所有的这些成绩都风雨飘摇了。这个案件及其令人发怵的作案细节在当地和全国性的新闻媒体上不断被报道,使康涅狄格州在减少监禁方面所付出的所有艰苦努力都可能毁于一旦。立法者喧嚣着要通过新的量刑法律,包括参照加利福尼亚州立法而设计的三振出局法案。几个月后,随着由假释犯所实施的又一起引起高度关注的案件的发生,州长雷尔(Rell)下令禁止对所有的暴力罪犯适用假释,并宣布将对假释和缓刑期间的违规行为采取"零容忍"的政策。之后的几个月内,监狱服刑人数增长了1000人,这对于像康涅狄格这样的相对较小的

---

　　* 2009年2月12日对迈克尔·汤普森的访谈。林登·约翰逊为美国第36任总统,1963年,他在肯尼迪总统被暗杀后继任总统,之后于1964年再度当选总统。——译者注

　　① Melone, Katie. 2007. "State's Prison Population Not Projected to Increase," *Hartford Courant*, February 15.

州来说已经是天文数字了。

　　似乎康涅狄格州注定要步加利福尼亚等州的后尘：自20世纪70年代以来，犯罪的政治因素和匆忙出台的法律所带来的意想不到的结果使监狱服刑人员的数量不断攀升。然而，康涅狄格州的故事却有着完全不同的结局，这在很大程度上要归功于劳勒的幕后工作。

十恶不赦的犯罪

　　2007年8月13日版的《人物》杂志（People magazine）的封面精心挑选了佩蒂特一家的漂亮照片，包括威廉·佩蒂特（William Petit），他的妻子詹妮弗（Jennifer）和他们的两个女儿海莉（Hayley）和米凯拉（Michaela）。佩蒂特一家住在柴郡郊区的一个富人社区，这是一个在当地很优秀的家庭。大女儿马上要去她父亲的母校达特茅斯学院（Dartmouth College）上学。但是，与照片配在一起的标题却讲述了一个可怕的故事："入室谋杀：每一个家庭的噩梦"。①

　　一天晚上，斯蒂芬·海耶斯（Steven Hayes）和约书亚·科米萨耶夫斯基（Joshua Komisarjevsky）从一个杂货店开始尾随佩蒂特一家。他们一直等到半夜才闯入佩蒂特家中。他们击倒威廉·佩蒂特并将他拖至地下室，然后回到楼上强奸了詹妮弗和米凯拉。第二天早上九点钟，海耶斯开车把詹妮弗送到当地的美国银行（Bank of America）分行，詹妮弗在那里把一张15000美元的支票兑换成现金交给绑匪。在办理这一银行交易的过程中，

---

① Hewitt, Bill. 2007. "Horror in the Night." People 68(7): 4—5.

詹妮弗成功地把一张纸条递给了银行柜员,银行柜员报了警。但是,等警察到达佩蒂特家时,海耶斯和科米萨耶夫斯基已经纵火烧毁了房子。威廉·佩蒂特从地下室的窗户爬出得以逃生,但他的妻子和两个女儿均遇害了。

  这个故事给康涅狄格州带来的影响令人难以置信。"如果居住在一个安全社区里的家庭都能遭遇这种事件,那么所有人都可能难以幸免,"康涅狄格州赦免与假释委员会(Connecticut Board of Pardons and Paroles)主席鲍勃·法尔(Bob Farr)说。① 进一步挖掘出来的细节非常不利于康涅狄格州刑事司法系统。海耶斯前前后后出入监狱已经超过 20 年了。科米萨耶夫斯基则因为 18 起互相独立的入室盗窃行为而被定罪。在 2002 年的量刑听审中,检察官指出了科米萨耶夫斯基令人不安的特殊行为:与其他入室盗窃犯不同,他会选择在夜间进入房子,此时主人在家的可能性更大;他还会戴着夜视镜,这样他就能在被害人睡觉时注视着他们。负责审判科米萨耶夫斯基的法官称他为一个"精心策划的冷血捕食者"。② 尽管如此,假释委员会还是在他们俩未服满刑期之前予以假释。对康涅狄格州刑事司法系统来说更为雪上加霜的是,这两个人还是作为室友在矫正系统提供的中途之家结识的。

  马上随之而来的是,民众要求康涅狄格州采用更具惩罚性的量刑法律。在 8 月中旬,佩蒂特一家的邻居们组织了一次集会,要求通过像加利福尼亚州迈克·雷诺主张的那种三振出局法案。"我不认为,通过避免这种事情的再次发生来保护你所爱的人是一种过分的要求,"在

---

① 2008 年 9 月 22 日对鲍勃·法尔的访谈。
② Hewitt, Bill. 2007. "Horror in the Night." *People* 68(7): 4—5.

网络上分发支持三振出局法案请愿书的杰西卡·赖安(Jessica Ryan)说。① 几个州议员,包括民主党的和共和党的,也参加了这一集会。威廉·佩蒂特赞同三振出局法案,并告诉《纽约时报》,对于一些因多次暴力犯罪被定罪的人"仍然能够走出"监狱,这"几乎是难以置信的"。② 同年9月,康涅狄格州众议院和参议院中的共和党议员宣布,将计划引入三振出局法案。

8月晚些时候,另一个假释犯在哈特福德(Hartford)持刀威胁劫取一辆车开到纽约市直至在纽约被警察击毙后,气氛变得更加紧张。从某种角度来说,似乎康涅狄格州已经处于危机之中了。正如雷尔州长所指出的,过去几个月中发生的事情"已经使我们对于刑事司法系统的信任毁于一旦"。③ 作为回应,雷尔暂停了对所有暴力犯罪罪犯的假释,并要求所有出现假释违规行为的假释犯都回到监狱继续服刑,而无论这种违规行为有多么轻微。④

要求迅速采取更为严厉措施的压力非常大。迈克尔·汤普森回忆起柴郡事件发生后不久与州议会议员一起去参加一个全国性会议的经历。"飞机上所有人都在读《人物》杂志上的文章,"他说,"我能看到有些人在哭。我希望人们能够理解在这些情况下存在沉重的压力和情绪。"康涅狄格州顺利通过三振出局法案似乎已成定局。

---

① *The New York Times*, "Neighbors of Home Invasion Victims Demand Stricter Repeat-Offender Laws." August 16, 2007.

② *The New York Times*, "Rell Reveals Plan to Improve Parole System." January 13, 2008.

③ *The New York Times*, "An Effort to Integrate Crime Data Gets a Chief." November 9, 2008.

④ *The New York Times*, "Gov. Rell Bans Parole for Crimes of Violence." September 23, 2007.

经验老到的观察家也已经为即将发生的巨变做好了准备。"我的第一感觉是他们要把刑事司法系统折腾一个底朝天,"迈克尔·汤普森说。①

改革刑事司法系统

迈克·劳勒于 1986 年当选为康涅狄格州众议院议员,时年 29 岁,对于当选众议员来说,这是一个相对年轻的年龄。由于着迷于政治,他于 1982 年赴匈牙利作为富布莱特学者(Fulbright scholar)访学一年,并一直对冷战史的研究有浓厚的兴趣。从法学院毕业以后,劳勒在纽黑文担任检察官。几年后,他决定辞去工作,回到他从小在那里长大的东黑文(East Haven)地区,与现任众议员角逐众议院的席位。经过一场激烈的选战,劳勒以微弱的优势取胜。

对康涅狄格州来说,劳勒当选众议员的时候是一个动荡不安的年代。按照劳勒的说法,在"任何人能够回忆起来"的很长时间里,康涅狄格州监狱服刑人员的数量都维持在 3000 人左右,而从 1980 年到 1986 年,则翻了一倍达到 6000 人。与加利福尼亚州的做法相同,1981 年康涅狄格州将不确定刑期的量刑结构改为确定刑期的量刑结构,并在这一过程中剥夺了假释委员会在服刑人员刑满之前释放他们的权力。不可避免的结果是监狱拥挤不堪,康涅狄格州应对这一结果的方法是创造了"监督释放"(supervised home release)措施,这实际上还是一种假释,只不过是取了一个好听的名字。为维持监狱服刑人

---

① 2009 年 2 月 12 日对迈克尔·汤普森的访谈。

数少于预定最多人数,这一措施赋予部分监狱的典狱长释放部分服刑人员的权力。

监督释放措施因其自身的一系列问题而被终止:罪犯通常只在监狱内服不足10%的刑期后就适用监督释放,而监督释放最多只能提供最小程度的监管。为了应对这一情况,康涅狄格州决定于1990年重新恢复适用假释制度,取消监督释放措施,并强制性规定暴力犯罪的罪犯在监狱内服刑的最少时间为其总刑期的85%,非暴力犯罪的罪犯在监狱内服刑的最少时间为其总刑期的50%。[①] 同时,康涅狄格州还启动了一项大型的监狱扩建计划,并于1995年1月前增加了1万个监狱床位。

劳勒于1995年当选为康涅狄格州司法委员会的联席主席后,成为这一过程的积极参与者。同样在1995年,共和党人罗兰凭借严厉打击犯罪的主张当选为州长。尽管建设了一些新的监狱设施,但康涅狄格州的监狱仍然很快人满为患。尽管劳勒和其他一些人提出了反对意见,但罗兰州长仍然于1999年签署了一项金额达到1100万美元的合同,将500名康涅狄格州的监狱服刑人员送到弗吉尼亚州的沃伦斯瑞吉(Wallens Ridge)监狱服刑。之后的一年内,有两名服刑人员死于沃伦斯瑞吉监狱。根据合同的约定,康涅狄格州需要对造成的任何法律规定的损害承担赔偿责任。最终,州政府赔偿了将近200万美元,来平息服刑人员家属所提起的法律诉讼。[②]

[①] Coppolo, George. 2008. "Parole during the 1980s." OLR Research Report 2008-R-0126. Hartford: Connecticut General Assembly, Office of Legislative Research. http://www.cga.ct.gov/2008/rpt/2008-R-0126.htm.

[②] *The New York Times*, "Plan to Transfer More Inmates Draws Criticism in Connecticut." August 1, 2003.

尽管劳勒有担任检察官的背景,并且致力于为被害人争取权利,他却以对犯罪与正义的自由主义观点在康涅狄格州获得赞誉。劳勒所采取的应对上述发生在弗吉尼亚州监狱事件的措施,证明他是一位务实的政治家。2003年,劳勒与共和党议员合作,使一项授权州长将2000名监狱服刑人员转至弗吉尼亚州监狱(沃伦斯瑞吉以外的监狱)服刑的立法得以通过,并以此项法案的通过来交换州长的一个承诺:将投资700多万美元,用于限制将假释犯和缓刑犯因为违规行为而被送回监狱的项目。这项交易遭到了自由派利益集团和矫正系统联盟的严厉批评,原因是他们对于监狱服刑人员可以被转至营利性的私营监狱服刑感到非常愤怒。尽管存在种种批评,这一法案还是得以顺利通过:在州参议院的投票中一致通过,在州众议院的投票中在152票中获得了143票。

这一努力后来被证明是富有策略的精彩一步。康涅狄格州花费这700万美元聘请了96位新的缓刑官,并创设了试点项目来减少缓刑与假释期间的违规行为。这些措施使违规行为减少了两成多,并进而导致2003年至2006年期间监狱服刑人数下降了4个百分点。进一步的结果是,康涅狄格州能够取消与弗吉尼亚州签订的有关监狱的合同,并因此省下了3000万美元。"关键在于坚持不去做那些简单的事情——把钱都砸在修建新监狱上面,"劳勒告诉《哈特福德日报》(*Hartford Courant*)的记者。①

康涅狄格州因此被誉为矫正政策方面的全国典范。各州公共安全表现评估项目皮尤中心(Pew Center on the States' Public Safety Performance Project)在2007年

---

① Melone,"State's Prison Population."

发布的一份报告中提到了康涅狄格州的情况,这很快为州议会之前所采取的措施带来了声誉。"(在监狱服刑人员方面,)某一个州在几年内从增长最快的之一转变为增长最慢的,这绝不是偶然发生的,"皮尤中心的亚当·盖尔博(Adam Gelb)说,"刑事司法领域的事情一般都变化缓慢。所以当在短时间内发生戏剧性的变化时,很大程度上应归功于政策的调整。"①

转移焦点

与康涅狄格州的其他所有人一样,迈克·劳勒第一次听到发生在柴郡的犯罪时同样感到非常震惊与恐惧。他的第一反应是应当尽量多地了解这个案件的情况,因此他开始给他在全州执法机关中的联络人打电话。有一个事实很快凸显出来,约书亚·科米萨耶夫斯基在其被判处的 8 年有期徒刑中,只服了 5 年半后就被假释了,即使他的判决中有 18 项独立的入室盗窃罪名(科米萨耶夫斯基在监狱中服刑达到其被判处刑期的一半时就可以适用假释,因为入室盗窃被归类为非暴力犯罪)。假释委员会有关释放他的决定毫无疑问成为众矢之的,劳勒也希望能搞明白假释委员会在审议时都考虑了些什么。②

有一件事情劳勒很清楚,但当时康涅狄格州只有极少数人了解。1997 年,劳勒帮助通过了一项法律,要求检察官将量刑听审的文字记录送达假释委员会。这么做的

---

① Melone, "State's Prison Population."
② 2009 年 1 月 29 日对迈克·劳勒的访谈。

目的在于确保假释委员会能了解案件的全部细节,包括法官、检察官、辩护律师和被害人的陈述。"我们希望避免一种状况,即被害人将来会觉得他们的主张未被听取,"劳勒说。然而,劳勒知道检察官常常例行公事地忽略这一法律规定,这很大程度上是因为州政府的信息技术系统太落伍。量刑听审的文字记录(经常长达数百页)容量太大,以至于无法采用电子邮件附件的方式发送,这就意味着必须采用拍照并邮寄的方式来送达。这使一个原本很简单的事务变成了行政上的麻烦事。

对于发现检察官没有把科米萨耶夫斯基的量刑听审记录送交假释委员会,劳勒并不觉得惊讶。在一个朋友的帮助下,劳勒获得了一份量刑听审记录的复印件。这真的是一个极好的东西。"文字记录里一页接一页的记载着,他的辩护律师、检察官和法官一直都在说这个孩子有多危险,"劳勒说。[①] 很明显,科米萨耶夫斯基是一个深陷困境的人。他只因为一起入室盗窃案发而被逮捕,却很快坦白了其余 17 起入室盗窃。考虑到他能精确地描述他所盗窃东西的细节,警方认为他的坦白是可信的。在他小时候被送去寄养(foster care)前后,他已经被强奸多次了。科米萨耶夫斯基首次被执法机关所关注则是因为他放火烧毁了一个加油站。

如果假释委员会曾经看过这份量刑听审文字记录的话,这些事情本应该是他们所掌握的。相反,假释委员会在审议时,依据的是科米萨耶夫斯基完美无瑕的监狱内服刑记录——他被认为是一个模范的监狱服刑人员——以及他有一份工作和家庭在等着他出狱的事实。基于这些不完整的信息,科米萨耶夫斯基对于假释委员会来说,

---

[①] 2009 年 1 月 29 日对迈克·劳勒的访谈。

似乎不是一个风险很高的人。

　　在柴郡事件发生一段日子以后，劳勒公布了这份量刑听审的文字记录，并要求搞清楚为什么假释委员会没能获取这些信息（他过去曾经多次向检察官提出这一问题，但均无功而返）。他发给报纸的信息很简短："如果你正在寻找一个愤怒的对象，那么这个就是。"有许多天，报纸头条都被这个有关无法获得量刑听审文字记录的故事所占据。迈克尔·汤普森回忆道："（劳勒）花费了大量的时间和记者打电话，耐心地向他们解释这个故事。"① 报业记者群体的自身情况也发生了变化，很多采访犯罪问题的资深记者已经被更为年轻、工资更低同时也了解情况更少的记者所代替，导致向记者解释这个故事实际上成为一项很艰苦的工作，劳勒不得不花费更多的时间来确保这些记者能够明白康涅狄格州法律的基本情况。

　　劳勒的辛劳工作有了回报，有关量刑听审文字记录的争论成功地转移了辩论的焦点。通过给予报纸具体、明确的关注焦点，劳勒成功地将一些人的注意力从要求制定三振出局法案那边转移了过来。"在我看来，非常清楚的是，真正的问题在于，作出假释决定的人们并不拥有他们所需要的信息，"劳勒说。② 而且，在与记者的对话中，劳勒还谨慎地指出，科米萨耶夫斯基并不适用三振出局的法律，因为他的所有18项罪名都是通过一次认罪答辩所认定的。此外，2002年负责起诉科米萨耶夫斯基的检察官本来可以寻求对他判处终身监禁，但最后的结果却是选择了接受辩诉交易。这些都明确地指出，三振出局法案并不能防止柴郡案件的发生。

---

① 2009年2月12日对迈克尔·汤普森的访谈。
② 2009年1月29日对迈克·劳勒的访谈。

直面后果

2007年7月下旬,就在柴郡谋杀案发生3天以后,雷尔州长就宣布由州政府的高级官员组成一个特别小组,"对康涅狄格州与起诉、量刑以及释放罪犯有关的所有程序和过程进行从头到尾的全面评估"。同时,康涅狄格州众议院的民主党发言人也要求司法委员会就如何改进州刑事司法系统举行听证会,劳勒则担任这一活动的联合主席。

康涅狄格州众议院和参议院计划于9月份再度召集,这给了刑事司法系统的官员们一些喘息的时间,虽然时间也不是很多。9月6日,参众两院的共和党议员联合召开一个记者招待会,宣布他们提议制定三振出局法案并要求召开特别立法会议以通过这一法案。劳勒担心,如果真的召开这个讨论三振出局法案的特别立法会议的话,就不太可能再阻止其获得通过了。因此,劳勒迅速予以回应,组织了司法委员会的一次会议。他请迈克尔·汤普森帮助寻找几位可靠的、不受党派意识形态影响的专家证人,能就三振出局法案的实际效果提出问题,并帮助说明是否制定这一法案仍然需要进行更多的研究。专家证人其中就包括了曾担任全国地区检察官联合会(National District Attorneys Association)主席的加利福尼亚州检察官詹姆斯·福克斯(James Fox)和曾在纽约市市长朱利安尼(Giuliani)手下领导纽约市矫正系统的迈克尔·雅各布森(即前一章中提到的《缩小监狱规模》一书的作者)。他们所提供的信息是,三振出局法并不是什么灵丹妙药。"他们给出的专家证词非常中立——他们没有什么个人的目的,"劳勒说,"我能够看到,司法委员会里的共和党人很沮丧,他们本以为我会让美国公民自由协会的人来作证。"①

对于劳勒和其他一些资深的刑事政策制定者来说,仓促制定三振出局法导致的危害是,将使公众和立法机关的注意力离开康涅狄格州所迫切需要的系统性的改革,包括执法机关之间信息共享方面的改进。"我们的信息系统确实很落后,"康涅狄格州首席检察官(Connecticut Chief State Attorney)凯文·凯恩(Kevin Kane)说,"从在街上执勤的警员到假释与赦免委员会的官员,作出最终决定的人都无法获得他们所需要的信息。"柴郡发生的犯罪事件彰显了关键的差距所在,但正如凯恩所指出的,信息技术不是一个"夺人眼球"的敏感话题。凯恩由共和党州长雷尔于2006年任命为州首席检察官,他对三振出局法案的看法很中立。他相信,三振出局法案对于康涅狄格州来说实际效果不会太大——在他看来,在康涅狄格州,法律规定的刑罚已经够严厉了。"我对三振出局法的担忧是,一旦议会采纳了这一法律,议会和公众会认为我们所有的问题都已经解决了。"②

劳勒推迟引入三振出局法的努力取得了成效。在党派内一致投票(party-line)*的基础上,9月20日,参众两院投票的结果均为反对启动特别立法会议来专门讨论刑事司法改革的议题,并认为还需要更多的时间来收集证据并考虑解决的方案。从审慎思考和理性决策的角度来说,这个小环节上的胜利非常关键。

---

① 2009年1月29日对迈克·劳勒的访谈。
② 2009年4月9日对凯文·凯恩的访谈。
* 党派内一致投票指的是所有民主党议员的投票相同,而所有共和党议员的投票则均与之相反。——译者注

接下来发生的事情还说明，运气和时机有时也会在一些情形下起到关键的作用。在第二天，一个康涅狄格州的假释犯持刀威胁劫取一辆汽车后在纽约市被警察击毙。如果这一事件略早几天发生，对于民主党议员来说，想要争取更多的时间会困难得多。

劳勒成功地推迟了就是否通过三振出局法案的投票，但毫无疑问的是，支持这一法案的人仍然会在第二年1月议会重新召集的时候提议表决这一法案。劳勒没有直接在三振出局的立法提案方面展开直接的较量，相反，他要求司法委员会开始筹划康涅狄格州监狱系统的大幅扩建。这样做的目的在于，让三振出局法案的支持者能够直接看到他们的主张可能带来的潜在影响。一般来说，新的监狱至少需要四年才能完成管理与施工建设的流程，劳勒要求矫正部门在保障所需要最少时间的前提下，提交一份在康涅狄格州内建设新监狱的计划。根据劳勒收到的计划预计，两座新监狱的建造将花费2.6亿美元，并且每年还需要4500万美元维持运营，而唯一能够建造这一监狱的地址正好位于紧挨着柴郡的一个城镇。劳勒也指出了另一种花费较少的选择，就是在康涅狄格州现有的四座监狱中，可以花费几百万美元对其中一座监狱中一处有400个床位的封闭区域进行重新修复，而碰巧的是，这座监狱正好位于柴郡。

劳勒并未纠结于抽象的辩论，相反，他迫使州议会中的其他人去考虑增加州监狱服刑人员数量后所导致的财政后果，以及新监狱选址所可能导致的政治后果。这是一个冒险的策略，会使共和党人有机会利用劳勒的虚张声势，通过投票把钱砸在建造新的监狱上。但这个策略产生了效果。11月，雷尔州长公开声明反对建造新的监狱,并指出"当我们讨论建造新的监狱时,没有人希望我们把监狱建在他的家乡,"她总结说,"在你选择走建造监狱这条路之前,你必须先看看是否还有其他的选择。"①

劳勒的胜利

2008年1月,当州议会的议员们集结于一个专门讨论刑事司法改革的立法会议时,等待着他们的是暴雪般的提案。司法委员会提交了15个改革建议,而雷尔州长组建的包括两党代表的特别小组以及州长本人则又补充了几十个改革建议。

这些建议在很多方面都达成了共识,并随后打包进了雷尔州长提出的立法提案中,这一立法提案于1月下旬获得通过成为法律。有趣的是,大部分被采纳的改革措施都致力于康涅狄格州刑事司法系统的能力建设,而不是提高所应当判处的刑罚。事实上,雷尔州长的特别小组所提出的一系列建议中并不包括制定三振出局法案。

1月下旬通过的新法律中最主要的条文是有关康涅狄格州刑事司法信息系统建设的,一个新的机构将因此设立,并负责建设一个集中的供15个执法机关实现数据共享的数据库。② 这一新的法律还要求,赦免和假释委员会的成员必须是全职工作的,而不能是兼职的。除了在刑法典中增加了一个新的入室犯罪(home invasion)的罪名,并加重了对重复实施重罪的犯罪者可以判处的刑罚

---

① *Waterbury Republican-American*, "Governor Against \$260 Million Proposal to Build Two Prisons." November 10, 2007.

② *The New York Times*, "An Effort to Integrate Crime Data."

外,康涅狄格州展示了其更多依赖的是技术层面和精心设计的措施,而非提升可能判处的刑罚。

然而,雷尔州长受到她所在的共和党成员的压力,允许共和党人在她所提出的立法议案中增加一个有关三振出局的修正案。但在参议院和众议院都占据多数席位的民主党坚定不移地否决了这一修正案。2008年1月25日,雷尔州长签署了这一法案并使之生效成为法律,两天之后,也撤销了她所下达的长达4个月的假释禁令。

受到他们阻击三振出局法案大获成功的鼓舞,同时基于他们对于监狱服刑人数过多的担忧,几个月后,民主党人们再度提出了一系列提案,旨在提升假释与缓刑期间在社区中对罪犯实行监管的能力。这一法案于4月21日被签署成为法律,将投资1000万美元于监狱服刑人员再社会化基金,这其中包括用于提供住宿、心理健康和毒品戒瘾治疗服务的专项经费。在柴郡事件发生后的9个月里,这一立法是劳勒和他在议会中的盟友所取得的胜利。"对于公共安全和康涅狄格州的法治来说,今天是一个非常重要的日子,"州参议院民主党团主席罗纳德·E.小威廉姆斯(Donald E. Williams, Jr.)说,"我们并不期待严厉打击犯罪的'第三振'……我们将把这1000万美元用于更多地接受治疗服务的床位和再社会化项目……康涅狄格州的人民会发现我们努力的方向是真正的、有实际意义的公共安全方面的变化,而不是简单地喊喊口号。"[①]

[①] Connecticut Senate Democrats,"Democratic Senate Passes Tougher Persistent Offender Bill, Allocates $10 Million for Criminal Justice." Press release from Connecticut Senate President Pro Tempore Donald Williams and Senate Majority Leader Martin Looney, April 23, 2008. http://www.senatedems.ct.gov/pr/leaders-080424.html.

最后一次挣扎

尽管未能通过三振出局法案,但康涅狄格州的一些共和党人认为可以将其作为2008年选举的一个竞选议题。与作为候选人的现任议员展开竞选的共和党人,可以通过支持三振出局法案,来吸引公众的注意和选票。2008年9月,共和党参议员山姆·卡利朱里(Sam Caliguiri)创建了"立刻三振出局联盟"(Three Strikes Now Coalition),并邀请小威廉·佩蒂特和他的姐姐乔安娜·佩蒂特-查普曼(Johanna Petit-Chapman)担任荣誉联席主席。"我们相信这一议题会有大量来自草根阶层的支持,"卡利朱里在组建这一联盟的新闻发布会上谈到,"竞选是谈论这些公共政策的绝佳时机。"①

这一联盟成立后的第一项活动是给两党的议员候选人寄送承诺卡。总共有58位候选人,包括7位民主党候选人在承诺卡上签了名。威廉·佩蒂特则开始和卡利朱里一起往返于康涅狄格州的不同地区,出席新闻发布会和候选人论坛,其中还有一次是在迈克·劳勒所在选区进行的。

很快发现的是,三振出局提案并没有产生出它的支持者所希望的关注度和政治能量。一方面,2008年的选举对民主党非常有利,康涅狄格州61%的选民把票投给了民主党总统候选人奥巴马。另一方面,大部分催生三

---

① Stuart, Christine. 2008. "Three Strikes Coalition Revives the Debate." *CT News Junkie*, September 28. http://www.ctnewsjunkie.com/2008/09/10/three_strikes_ coalition_revive.

振出局提案的紧急状况已经消退。虽然一方面可以简单归因于时间的逝去,但另一个重要的原因是劳勒成功地指出,三振出局法并不能防止柴郡惨案的发生。这一点即使是佩蒂特一家也曾谈到。例如在9月份,乔安娜·佩蒂特-查普曼承认"三振出局法并不能防止这种十恶不赦的犯罪发生"。①

选举的结果显示,支持三振出局法的人最终惨败。总共有64%的曾经在承诺卡上签名的候选人输掉了选举,包括15位参议院候选人中的8位和43位众议院候选人中的29位。也许最说明问题的是,佩蒂特一家的邻居,同时也是三振出局法忠实拥趸的共和党现任议员阿尔·安迪诺尔菲(Al Adinolfi)以微弱的差距不敌民主党挑战者伊丽莎白·埃斯蒂(Elizabeth Esty),这也被报纸称为"为数不多的冷门之一"。② 与卡利朱里一起,安迪诺尔菲可能是最认同三振出局提案的候选人。劳勒则认为,这是"我们的政治策略取得成功的最佳说明"。③

超越党派的刑事司法

在从柴郡惨案发生和2008年选举结束之间的15个月里,最值得关注的事情恰恰是没有发生什么事情。与加利福尼亚州不同的是,康涅狄格州成功地掌控了在备受瞩目的犯罪惨剧发生后常常接踵而来的政治与舆论风

---

① Stuart, Christine. 2008. "A Referendum on 3-Strikes?" *CT News Junkie*, November 7.
② *New Haven Register*, "It Was a Tough Day to Be a Republican in Connecticut." November 5, 2008.
③ 2009年1月29日对迈克·劳勒的访谈。

暴。康涅狄格州最终的选择是深入分析与渐进式的改革,而不是受情绪所支配的决策过程和天翻地覆的变化。

在通过制定刑事政策来回应新近发生的犯罪事件方面,全美国已经形成了一种通行的模式,而康涅狄格州则是这种模式的例外。从1981年到柴郡案件的发生,康涅狄格州在量刑政策方面已经经历了多次重大的变化,而这些变化都是经由相同的路径驱动的:首先是发生一起残暴的犯罪事件,紧随其后的则是负面的媒体关注和广泛的公愤,之后就是重要的法律修改。最初,柴郡事件似乎将延续这一道路,开启量刑政策的另一次巨大变化。"(在柴郡案件发生后,)媒体已经陷入一种疯狂之中,一有犯罪发生,刑事司法系统就会受到指责,"康涅狄格州赦免与假释委员会主席鲍勃·法尔说。法尔回忆起一件新闻报告,说的是一个假释犯去看望他的女朋友却发现她已经死亡,经过侦查,可以很肯定的是她是自然死亡而不是被谋杀的。"《哈特福德日报》头条新闻却是'假释犯逃脱了谋杀的指控',"法尔说,"但实际上根本就没有谋杀!"①

"那些反对在发生犯罪惨案后就对刑事政策作出重大改变的人常常会说,'这是一个偶然事件,'"迈克尔·汤普森观察到,"但迈克·劳勒则会说,'我想搞清楚到底是什么原因导致的,我想解决这个问题。'从政治上来说,这是一个更好的主张,而劳勒源自本能地掌握了这一点。"②劳勒采取了直接出自"政治101"*的策略:进攻总是强于防守。在柴郡事件上,劳勒指出了一个可以借由

---

① 2008年9月22日对鲍勃·法尔的访谈。
② 2009年2月12日对迈克尔·汤普森的访谈。
* "政治101"(politics 101)是美国大学里所开设的一门介绍政治的课程。——译者注

立法解决的实实在在的问题——检察官没有把科米萨耶夫斯基量刑听审的文字记录送到假释委员会。"公众希望采取些措施,"劳勒说,"而你需要作出反应。"①

而且劳勒更往前走了一步。通过推动讨论有关三振出局法案所需要的费用和可能出现的后果,例如建造新监狱的需求,而不是仅仅出于党派意识形态而予以反对,劳勒成功地将现实主义引入到争论之中。在形成和制定刑事司法政策时,康涅狄格州和其他各州都很少会考虑他们的决策可能导致的后果,反而更多依赖于很多政客采用的用简单方法处理犯罪问题的自然本能。劳勒的高明之处在于,把政治程序作为一种手段,来迫使人们对三振出局法案的利弊展开更为深思熟虑的讨论,并使这一讨论在真实生活和务实思考的语境下展开,而不是在道德的语境下进行。在美国,很多人对于政治极为挑剔,并认为通过政治程序是不可能做出正确选择的,对于这一观点,劳勒成功地给出了一个令人印象深刻的反驳。

更令人称赞的是,通过设定讨论的语境,劳勒和他的盟友们成功地促使康涅狄格州去解决那些在通常情况下会被忽视的系统性问题。按照古老的谚语"永远不要浪费危机时刻(never let a crisis go to waste)"的指引,他们通过了包括在信息技术方面投入巨大的法律。"如果没有柴郡案件,我们本不可能去完善信息技术方面的问题,"康涅狄格州首席检察官凯文·凯恩说。②

劳勒的成功,源自他对于刑事司法问题所采用的不受党派意识形态影响的处理方法。劳勒担任议员已经超过20年,而且是刑事司法议题方面的资深专家。"迈克

---

① 2009年1月29日对迈克·劳勒的访谈。
② 2009年4月9日对凯文·凯恩的访谈。

真的是一个政策专家,"迈克尔·汤普森说,"他自己却不太引人注意。"①他低调、幕后的领导,帮助监禁替代性措施获得政治支持方面的坚实基础,这一坚实基础也帮助康涅狄格州成功地掌控了柴郡犯罪案件所引发的风暴。

对于三振出局这个似乎代表着社会正义的立法提案,劳勒并没有组织激情澎湃的口诛笔伐,相反,他采用了一个完全不同的处理方法:以退为进,并指出这个法案会带来的财政上的后果。"不出现在报纸上很不错,"劳勒说,"主张渐进式改革的人很容易就被贴上'对犯罪过于软弱'的标签。不被认为具有党派属性会更好。"劳勒总结出来的经验教训就是"刑事司法中大部分的事情都与党派意识形态无关。我已经看惯了围绕刑事政策的政治斗争,但当你与刑事司法领域一线工作人员交谈时,几乎所有人都同意问题都在刑事司法系统内部"。②

诚然,党派政治在有关三振出局法案的辩论中发挥了作用。在几个重要的时刻,民主党通过内部保持一致成功否决了三振出局法案。在像康涅狄格这样传统的自由主义州和有利于民主党的选举年份,这种党派内部的规则更容易实现。但抵制三振出局法案所涉及的问题比纯粹的党派政治要深刻得多。"我觉得这不是一个共和党和民主党两党政治的问题,"康涅狄格州首席检察官凯文·凯恩说,"这里面有一个重要的核心团队,他们认识到这是一个属于刑事司法系统内的问题。"最终,在应对柴郡谋杀案的问题上,康涅狄格州决定励精图治、认真对待刑事司法改革的问题,而这又获得了政策制定者和刑事司法官员的广泛支持。"人们错误地认为,三振出局法

---

① 2009年2月12日对迈克尔·汤普森的访谈。
② 2009年1月29日对迈克·劳勒的访谈。

是解决问题的方法,能使公众获得安全,"凯恩说,"我们则认识到,需要做一些比通过三振出局法更为重要的事情。"①

有证据显示,在柴郡犯罪事件发生后,康涅狄格州所采取的政策走向已经取得了效果。在 2008 年 2 月至 2009 年 1 月期间,由于雷尔州长有关禁止假释的禁令,康涅狄格州几乎把所有新增的罪犯都纳入了监狱。事实上,康涅狄格州在 2009 年 1 月的监狱服刑人员与 2007 年 7 月 23 日柴郡案件发生时的监狱服刑人员的数量几乎相同。康涅狄格州自己的预测是,"在未来三年里,监狱服刑人员的数量预计将保持稳定或者有小幅的下降"。② 同时,2008 年 11 月,通过聘请康涅狄格州刑事司法信息系统(Connecticut Criminal Justice Information System)的首任执行官,康涅狄格州已经着手于信息系统的改革。在凯恩看来,将会在几年内看到这些努力的成果。"这将改变我们工作的方式,"凯恩说。③

虽然代表刑事司法工作人员的警察局局长、首席法官每天面对的挑战,以及缓刑官试图解决的看上去很棘手的基层具体公共安全问题与康涅狄格州议会的内部工作内容有天壤之别,但警察、法官和缓刑官等承受的压力,与柴郡事件发生后康涅狄格州立法者所面对的压力相差无几。从劳勒掌控与犯罪有关的政治因素的故事出发,改革者们能够吸取很多的经验教训,包括在超越党派

---

① 2009 年 4 月 9 日对凯文·凯恩的访谈。
② Connecticut Office of Policy and Management, Criminal Justice Policy and Planning Division, Research, Analysis and Evaluation Unit. 2009. "2009 Correctional Population Forecast Report: A Report to the Governor and Legislature." http://www.ct.gov/opm/lib/opm/cjppd/cjresearch/populationforecast/20090215_forecastingfinal.pdf., p.3.
③ 2009 年 4 月 9 日对凯文·凯恩的访谈。

意识形态的语境下展开讨论的价值、采用有效的媒体策略的重要性以及避免在出现问题时只考虑自我保护。

  至于劳勒,他的日常生活并没有太多的改变。每年秋天,他会给新的班级讲授刑事司法课程。随着时间的流逝,他的学生很少会知道,劳勒帮助并带领康涅狄格州,战胜了刑事司法领域能够想象到的最艰难的挑战。

第六章
给失败下个定义

弗兰克·克拉瑞克（Frank Kolarik）从来没有想过，他结束美国陆军第82空降师一员的跳伞生涯后，会到沃姆佩斯小学（Wampus Elementary School）给五年级的学生讲授滥用毒品的危害。

1989年美国入侵巴拿马并导致巴拿马的曼努埃尔·诺列加将军（General Manuel Noriega）下台，克拉瑞克参与了这次战争并弄伤了他的膝盖，随后结束了他在美国陆军刑事调查部门的工作。对他来说，退伍后从事警察的工作似乎顺理成章，所以克拉瑞克在纽卡斯尔（New Castle）警察局找到了一份工作，这是一个位于纽约市以北

30英里的富裕郊区。

在警察学校,克拉瑞克找到了他的使命。他听到一个有关于抵制滥用毒品教育项目(Drug Abuse Resistance Education,简称为"D. A. R. E.")的演讲,这是一个由警察向小学生提供有关毒品和毒品滥用教育课程的项目。① "这个项目令人印象深刻,我告诉警察局局长我很有兴趣参加这个项目,"克拉瑞克回忆说。② 两年后,当警察局的前一任抵制滥用毒品教育讲师离任时,克拉瑞克得到了参加的机会。这就是为什么克拉瑞克在过去 12 年里把大部分时间都花在沃姆佩斯小学的原因,而全美国有 15 000 个警察和克拉瑞克一样,经过全国性非营利性组织"全美抵制滥用毒品教育"(D. A. R. E. America)认证后成为抵制滥用毒品教育讲师。

克拉瑞克很快就明白了为什么他会喜欢在沃姆佩斯小学的这份工作。他与生俱来地就能够和青少年轻松、舒服地交流,而这又是所有优秀的教育工作者所具备的特征。孩子们喜欢他,当克拉瑞克走过走廊时就会高兴地大声喊着"弗兰克警官"和他打招呼。在这个学校里工作 12 年后,他和谁都能直呼其名,包括学校的校长芭芭拉·托皮奥尔(Barbara Topiol)。

2008 年秋天的一个早晨,克拉瑞克正在给五年级的学生上课,每节课 45 分钟,在第二节和第三节课之间会有一个短暂的休息。到了中午 11:55 分,学生们已经吃完午饭,回到自己的座位上,并拿出他们颜色鲜艳的抵制

---

① 本章内容以作者之前发表的有关抵制毒品教育项目的分析为基础。参见 Berman, Greg, and Aubrey Fox. *Lessons from the Battle over D. A. R. E.: The Complicated Relationship between Research and Practice*. New York: Center for Court Innovation.

② 2008 年 10 月 15 日对弗兰克·克拉瑞克的访谈。

滥用毒品教育课程的练习簿。克拉瑞克开始上课，并快速回答了几个学生提出的有关他警察工作的问题（例如"你是否曾经向人开枪？"和"你是否曾经飞车追逐？"）。然后他进入到今天要学习的主要内容，包括尝试让学生去考虑朋辈压力（peer pressure）是如何影响尝试抽烟决定作出的，从抵制滥用毒品教育的角度看来，这是未来是否会使用毒品的一道关卡。

克拉瑞克通过一个简单的练习来说明问题，让学生们来猜一猜，在过去 30 天里，八年级的学生中抽过烟的占百分之多少。同时，在听到其他同学的答案后，给每人一次修改自己答案的机会。大部分学生第一次给出的答案都在 40%—50% 之间，而给出相对较低比率答案的孩子们，在修改答案后都调高了他们的估计值。然后到了揭晓谜底的时刻，克拉瑞克给出的正确答案是只有 7%，这个答案让一些求胜心切的学生们发出了难以置信的尖叫声。他让学生们思考一下朋辈压力在修改他们给出的答案时有什么样的影响，同样在他们考虑是否尝试抽烟的时候又会有什么样的影响。"你考虑别人怎么做就会改变你自己的做法，"他告诉学生们。

在每一堂课上，克拉瑞克都系统性地开展抵制滥用毒品教育项目所设计的正式课程。在周末之前，他还会两次来到沃姆佩斯小学，给另外十个班级上同样的课。从 10 月到 4 月，他每个星期去学校三次，而到圣诞节的时候，他就能记住所有 250 个五年级学生的名字了。作为警察局专门负责侦查涉及青少年犯罪案件的少年警官，克拉瑞克把抵制滥用毒品教育视为他工作的基本组成部分，这一工作也为他提供了从积极的方面了解社区内孩子的机会。"我喜欢干这项工作,"克拉瑞克说。①

总体而言,抵制滥用毒品教育似乎对大家都有好处。孩子们看上去很喜欢克拉瑞克,并希望能在教室里看到他。学校方面也基于此建立了与警察局之间的关系。而且,克拉瑞克很享受这份工作。

一切都很完美,只有一个问题。根据长时间研究的结果,抵制滥用毒品教育被认为是失败的。

在众多刑事司法项目中,抵制滥用毒品教育项目所产生的否定观点和争议是独一无二的。抵制滥用毒品教育项目不出意外地被仔细审视:自 1983 年由警察局局长达瑞尔·盖茨(Darryl Gates)创建于洛杉矶后,这一项目已经成长为全国同类项目中最大也最受欢迎的一个,这也自然使其成为学者研究的对象。② 据"全美抵制滥用毒品教育"执行主任弗兰克·佩古洛斯(Frank Pegueros)介绍,抵制滥用毒品教育项目活跃于全国 75% 的学区(school districts)。③

但仅用抵制滥用毒品教育项目的规模还不能解释其所受批评的状况。一些批评很有可能建立在意识形态之上:这一项目创建时,青少年滥用毒品正被认为是迫切需要解决的全国性问题,并常常可能与南希·里根(Nancy Reagan)主导的对毒品"就是说不"(just say no)运动联系在一起,而这一口号从今天来看似乎就像是另一个时代的遗存。

但围绕抵制滥用毒品教育项目最主要的批评则都建立在数据的基础之上,而不是基于政治因素。有关这一

---

① 2008 年 10 月 15 日对弗兰克·克拉瑞克的访谈。
② Rosenbaum, Dennis P. 2007. "Just Say No to D. A. R. E." Criminology & Public Policy 6(4): 815—824.
③ 2008 年 6 月 26 日对弗兰克·佩古洛斯的访谈。

项目的学术研究记录非常清晰。在过去15年里,有不少于30项研究的矛头对准了这样的观点:抵制滥用毒品教育项目能有效地预防青少年使用毒品。① 芝加哥伊利诺伊大学(University of Illinois)的丹尼斯·P. 罗森鲍姆(Dennis P. Rosenbaum)参与的一项长达六年的深入研究甚至还发现,抵制滥用毒品教育项目对于郊区的青少年来说,还略微增加了他们的毒品使用。这一发现促使罗森鲍姆向政府机构和地方主管部门建议应当对这一项目"说不"。②

如今,仅仅是提到抵制滥用毒品教育项目就会招致很多犯罪学家的愤怒。"为什么你一上来就认为抵制滥用毒品教育项目有效呢?"辛辛那提大学教授弗兰克·卡伦(Frank Cullen)问道:"所有在这个项目上所浪费的时间和金钱,本可以用在一个更有效的项目上。"③

对于一些观察家来说,抵制滥用毒品教育项目,以及

---

① "全美抵制滥用毒品教育"指出,在一项由丹尼斯·M. 戈尔曼(Dennis M. Gorman)和小查尔斯·胡贝尔(J. Charles Huber, Jr)进行的研究以及另一项由卡罗尔·韦斯(Carol Weiss)所进行的研究中,他们对抵制滥用毒品教育项目适用了比其他预防青少年吸毒项目更高的标准。例如,戈尔曼和胡贝尔写道:"使抵制滥用毒品教育项目区别于其他循证项目的地方,可能不是真正采取的干预措施,而是对数据进行分析、报告和解读的方式。"但是,在减少青少年非法使用毒品方面,上述研究者中没有一个人认为抵制滥用毒品教育是一种有效的干预措施。参见 Gorman, Dennis M., and J. Charles Huber, Jr. 2009. "The Social Construction of 'Evidence-Based' Drug Prevention Programs: A Reanalysis of Data from the Drug Abuse Resistance Education (D. A. R. E.) Program." *Evaluation Review* 33(4):396—414;以及2008年6月27日对卡罗尔·韦斯的访谈。

② Rosenbaum, Dennis P. 2007. "Just Say No to D. A. R. E." *Criminology & Public Policy* 6(4):815—824.

③ 2008年9月16日对弗兰克·卡伦的访谈。

矫正训练营(boot camps)*和恐惧威慑项目("scared straight"programs)**已经成为一种象征,从而说明结束那些失败的创新项目有多么困难。通过获得地方警察局和学校管理人员的支持,抵制滥用毒品教育项目已经成为地方和全国层面强大的政治力量。例如,过去 18 年里的每一年,连续四位总统都把四月中的某一天确定为全国抵制滥用毒品教育日(National D. A. R. E. Day)。在罗森鲍姆看来,对于抵制滥用毒品教育的支持"就像上瘾一样。当类似于抵制滥用毒品教育的项目习惯成自然后,很难对它们提出挑战"①。

对批评这一项目的人来说,抵制滥用毒品教育项目则是一个警示故事,用来说明即使有充分的证据证明已经失败,但刑事司法项目仍然可以存活下去,而且同时有更多更有前途的创新措施未得到资助。除此之外,抵制滥用毒品教育项目的故事实际上要复杂得多。事实证明,给失败下一个定义要比看上去难得多。

龃龉的关系

弗兰克·克拉瑞克在 1994 年第一次听说抵制滥用毒品教育项目时,该项目与研究群体之间的怀疑、敌对的关系已经有了苗头。这种敌对状态的产生在很大程度

---

* 矫正训练营指的是以军队的新兵训练营为模型,将有不良行为的青少年集中起来接受相应的课程或进行体力劳动。矫正训练营中争议较大的采取休克监禁(shock incarceration),即对青少年进行短期羁押以达到震撼性教育的目的。——译者注

** 恐惧威慑项目指的是让监狱里的犯人与青少年交谈,讲述监狱生活的可怕之处,从而阻止青少年从事犯罪活动的犯罪预防项目。——译者注

① 2008 年 6 月 13 日对丹尼斯·P. 罗森鲍姆的访谈。

上,虽然不能说全部,但仍可以归咎于抵制滥用毒品教育首任全国性的领导者格伦·黎凡特(Glenn Levant)。

1983年,当洛杉矶警察局局长达瑞尔·盖茨突然有了让警察去学校里给青少年进行毒品教育的想法时,黎凡特还是洛杉矶警察局的一位警长。这个项目很快就一炮而红,其他学校也开始要求达瑞尔·盖茨能够提供这方面的帮助。为了筹集经费,黎凡特于1984年帮助筹建了洛杉矶警察预防犯罪咨询委员会(Los Angeles Police Crime Prevention Advisory Council),这一组织后来发展为"加利福尼亚抵制滥用毒品教育"(D. A. R. E. California)。若干年后,当黎凡特从联邦司法部获得14万美元的资助后,"全美抵制滥用毒品教育"这一组织得以建立起来。到1992年时,抵制滥用毒品教育项目每年都能获得1000万美元的国会拨款。

抵制滥用毒品教育项目之所以能够快速发展起来,很大程度上得益于其在获得联邦资助方面的成功。根据《今日美国》的调查,仅仅10年之后,这一项目就已经在全国60%的学区中拥有了500万学生。[①]

然而,早期针对抵制滥用毒品教育的研究就该项目的有效性提出了质疑。在联邦司法部的支持下,三角研究所(Research Triangle Institute)开展了首个有关抵制滥用毒品教育的全国性研究。发布于1993年的该项研究的初步结果显示,抵制滥用毒品教育对于青少年使用毒品的长期影响几乎是可以忽略不计的。"全美抵制滥用毒品教育"公开批评这一研究报告并向联邦司法部施

---

① *USA Today*, "Studies Find Drug Program Not Effective." October 11, 1993.

压,要求不发布这一报告。①

这一事件开启了此后大半个 10 年的敌对模式:作为"全美抵制滥用毒品教育"的创始会长,黎凡特定期对研究者进行抨击,而研究者则予以反击。黎凡特所采取的坚壁清野的策略——记者帕特里克·博伊尔(Patrick Boyle)形容他"攻击所有持不同意见的人"——在研究人员群体中树敌无数,他们认为黎凡特的攻击不公平并且缺乏证据。②

1998 年,当丹尼斯·P. 罗森鲍姆和戈登·S. 汉森(Gordon S. Hanson)的研究报告出炉后,有关抵制滥用毒品教育的争议达至顶峰。这项研究跟踪调查了 1798 名参与过抵制滥用毒品教育的六年级学生,而这些学生分别来自于城市、郊区与农村等不同地区。这一研究再次确认了之前的发现:抵制滥用毒品教育所带来的好处,例如为青少年提供有关毒品的教育、改善青少年对于警察的态度、给予青少年信心来抵制非法使用毒品等,都会在 1—2 年内消耗殆尽。但这一报告中真正引发人们关注的,却是把抵制滥用毒品教育与郊区青少年使用毒品的比率增加(3—5 个百分点)联系在一起。③

在罗森鲍姆看来,"全美抵制滥用毒品教育"采用了强硬的手段来干涉全国性的新闻媒体如何报道这项研究的发现。"他们在幕后聘请强大的律师团队起诉或威胁

---

① Boyle, Patrick. 2001. "A DAREing Rescue: How an Intervention by Critics and Federal Officials Brought the Youth Anti-drug Program into Rehab." *Youth Today*, April 1.

② Id.

③ Rosenbaum, Dennis P., and Gordon S. Hanson. 1998. "Assessing the Effects of School-Based Drug Education: A Six-Year Multi-level Analysis of Project D. A. R. E." *Journal of Research in Crime and Delinquency* 35(4): 381—412.

要起诉那些批评抵制滥用毒品项目的人,指责记者、制片人和研究人员作出了虚假的陈述,"罗森鲍姆写道,"这使他们的声誉和职业生涯都蒙上了阴影。"①实际上,黎凡特的策略似乎也并没有发挥作用:罗森鲍姆和汉森的研究报告在全国受到广泛的媒体关注,包括无数的报纸文章和美国全国广播公司(NBC)新闻电视周刊《日界线》(Dateline)中的一段报道。

事后,"全美抵制滥用毒品教育"的工作人员和支持者承认,黎凡特所采用的方法很笨拙而且适得其反。该项目一个著名的支持者称之为"地堡心态"(bunker mentality)。* "格伦很鲜明地展示了他对于大部分研究人员的极度鄙视,""全美抵制滥用毒品教育"的地区主管吉姆·迈克基凡尼(Jim McGiveney)说,"黎凡特指责研究人员的方式,几乎就像是回到了 20 世纪 50 年代,指控研究人员是要把社会撕裂的共产主义者。"②黎凡特对研究人员的态度可以用他对《今日美国》所说的一句话概括:"科学家告诉你大黄蜂飞不起来,但我们不会上当。"**迈克基凡尼的看法是,黎凡特使抵制滥用毒品教育的发展从名不见经传到不断壮大,但对于外界批评的态度却太

---

① Rosenbaum, Dennis P. 2007. "Just Say No to D. A. R. E." *Criminology & Public Policy* 6(4):815—824.

* Boyle, Patrick. 2001. "A DAREing Rescue: How an Intervention by Critics and Federal Officials Brought the Youth Anti-drug Program into Rehab." *Youth Today*, April 1. 地堡心态指的是因为怀疑会遭到伤害而形成的很强的自我保护心态。——译者注

② 2008 年 7 月 14 日对吉姆·迈克基凡尼的访谈。

** *USA Today*, "Studies Find Drug Program Not Effective." October 11, 1993. "大黄蜂飞不起来"指的是,从空气动力学等科学的角度进行分析和计算,大黄蜂是飞不起来的,但实际上大黄蜂毫无疑问是会飞的。黎凡特引用这一典故的目的是说明对于抵制滥用毒品教育效果的科学分析的结果并不可信。——译者注

个人化了。"我能理解为什么格伦会戒备心如此之强，"迈克基凡尼说，"那是因为抵制滥用毒品教育项目就是他自己的孩子。"①

无论黎凡特如何努力，却始终无法停止这种批评与质疑的趋势。西雅图市警察局局长诺姆·斯坦珀（Norm Stamper）在 1996 年决定停止这一项目，并称之为"巨大的失败"。他的这一决定吸引了全国媒体的关注。② 对抵制滥用毒品教育更为不利的是，批评的声音在国会中也有了市场。"当你走进一个国会议员的办公室时，他会在门口会见你，并拿着打印出来的认为抵制滥用毒品教育没有作用的研究报告，"迈克基凡尼说，"这是非常难以克服的困难。"③ 1998 年，众议院拨款小组委员会（House Appropriations subcommittee）要求"全美抵制滥用毒品教育"修改课程内容，而这并不是一种常采用的措施。

随着气氛越来越紧张，联邦司法部开始介入。在抵制滥用毒品教育项目的要求之下，联邦司法部于 1998 年 5 月召集了由一小部分研究人员和"全美抵制滥用毒品教育"管理人员共同参加的会议。令大部分人感到心安的是，黎凡特没有参加这次会议。尽管如此，这次会议的气氛依然剑拔弩张。正如研究人员理查德·克莱顿（Richard Clayton）回忆的，在参会人员休息吃午饭之前"会议室里弥漫着互相攻击的氛围"。这一天的早些时候，丹尼斯·罗森鲍姆质疑"全美抵制滥用毒品教育"在其官方网

---

① 2008 年 7 月 14 日对吉姆·迈克基凡尼的访谈。
② *Seattle Post-Intelligencer*，"Stamper Wants to Cut D. A. R. E. , 17 Positions. " June 17, 1996. 斯坦珀还于 1997 年 4 月 25 日，在接受美国公共广播公司（PBS）"新闻一小时（*News Hour*）"吉姆·莱勒（Jim Lehrer）的访谈时对抵制滥用毒品教育提出批评。
③ 2008 年 7 月 14 日对吉姆·迈克基凡尼的访谈。

站上强调的一个评价正面的研究,按照理查德·克莱顿的回忆,罗森鲍姆当时说的是这项研究"就算是在本科学生中,也拿不到 C- 的成绩"。他还要求"全美抵制滥用毒品教育"在官方网站删除对他的研究的一些引用,因为这些引用属于误导读者。经过几个来回,"全美抵制滥用毒品教育"同意走出改善这种关系的重要的第一步。①

在上述在华盛顿召开的会议和随后其他会议中,"全美抵制滥用毒品教育"展现了与研究人员群体和平共处的意愿。这一点让有兴趣资助青少年毒品预防创新措施的罗伯特·伍德·约翰逊基金会(Robert Wood Johnson Foundation)印象深刻。虽然也关注到了围绕抵制滥用毒品教育的批判性研究,但该基金会同时也注意到,在日益升温的围绕抵制滥用毒品教育长期效果的争论过程中,这一项目的一些成就被忽视了。最重要的是,"全美抵制滥用毒品教育"在"基础设施"方面的建设成就斐然。从州到地方的各个层面上,抵制滥用毒品教育项目每年培训的警察人数超过 1000 人。在基金会副会长南希·考夫曼(Nancy Kaufmann)眼里,这是"曾经见过的最好的培训系统之一"。② 此外,通过在全国的学区开展项目,"全美抵制滥用毒品教育"也拥有无可匹敌的地方支持者网络。罗伯特·伍德·约翰逊基金会的执行者们认为重新组织和装备这一项目更为合理,而不是用别的什么项目来替换抵制滥用毒品教育。

罗伯特·伍德·约翰逊基金会同意在 5 年的期间内向抵制滥用毒品教育项目资助 1400 万美元。考虑到当

---

① Boyle, Patrick. 2001. "A DAREing Rescue: How an Intervention by Critics and Federal Officials Brought the Youth Anti-drug Program into Rehab." *Youth Today*, April 1.

② Id.

时公众的感受是该项目已遭受重创,这一决定很让人吃惊。罗伯特·伍德·约翰逊基金会并没有直接将资助交予抵制滥用毒品教育项目使用,而是决定把这一笔资助交由艾克朗大学(University of Akron)的兹利·斯洛博达(Zili Sloboda)来执行。斯洛博达曾就职于国家毒品滥用研究所(National Institute on Drug Abuse),并在毒品预防领域内享有盛名。斯洛博达的工作是设计并评估一个针对中学生的新课程,这一课程将由抵制滥用毒品教育讲师来实施。

通过与斯洛博达一起开展工作,抵制滥用毒品教育项目同意对其工作模式作出一些改变。首先,由于许多研究者认为,为五、六年级的学生提供类似于"后续的加强疫苗注射"式的教育服务以作补充是很重要的,因此项目将关注更年长一些的学生。其次,项目将修改课程内容,减少课程中说教的内容,增加互动参与的内容。参与项目的警察不再只是做一些对毒品"就是说不"的演讲,而是将努力使青少年参与到有关非法使用毒品会导致什么后果的对话中来。

受到罗伯特·伍德·约翰逊基金会支持的鼓励,"全美抵制滥用毒品教育"启动了一项雄心勃勃的计划来修改其核心课程。2000年,全国的每一位抵制滥用毒品教育讲师都被重新培训,而课程内容也重新修订。原来那种由警察单向演讲式的教学方法被摒弃,取而代之的是警察引导学生们进行角色扮演的练习和小组讨论。"全美抵制滥用毒品教育"的项目官员们希望能将这一项目重新塑造为一种教育项目,能够教会孩子们在使用毒品及其他一系列问题上如何做出更好的选择。2001年,吸取教训的黎凡特对《纽约时报》说,"我们确实有许多需要改进的地方,我们已经意识到这一点"。此外,黎凡特还补充了一句让许多密切关注抵制滥用毒品教育的人大跌眼镜的话:"我现在不说是否有效,但当我们启动这一计划时确实采用了最先进的方法。现在是时候让科学来改进我们的做法了。"①"全美抵制滥用毒品教育"官方网站的通栏大标题赫然写着:"这是一个崭新的抵制滥用毒品教育。"

忽视高质量评估研究的充分理由

抵制滥用毒品教育项目所受到的来自学者和全国性新闻媒体的批判应该已经足以终结这一项目。但到今天为止,其仍然得以存续。

这一情况使哈佛大学教育学院(Harvard University's School of Education)的卡罗尔·韦斯教授感到困惑。一个项目在面对排山倒海并广泛宣传的否定性证据时是如何保持其受欢迎程度的,她打算去破解这一谜题。她的第一反应是认为,各地所获得的信息不够全面,或者有意忽视了研究的结果。"我最初以为是因为实务人员并不关注研究的发现,"韦斯说。②

韦斯的专长是研究学者的评估研究对于政府决策的影响。正如韦斯所写道的,直到20世纪60年代,评估研究(evaluation research)都没有像今天我们所理解地那样被常规性的运用。虽然19世纪后期和20世纪上半叶的

---

① *New York Times*,"Anti-drug Program Says It Will Adopt a New Strategy." February 1, 2001.
② 2008年6月27日对卡罗尔·韦斯的访谈。

社会改革者会使用问卷调查或其他的研究方法来测量存在问题的状况,例如贫困问题。但关于针对这些问题所采取的应对措施的效果如何,他们很少花时间去进行评估,因为他们假定采取的措施在本质上是正确的。① 直到20世纪30年代中期,基金会才开始资助项目的评估研究,试图给社会政策引入注重实效的怀疑态度。有时,这就意味着一些最初被认为成功的项目后来被认为是失败的。例如,对剑桥—萨默维尔青少年工作者项目(Cambridge-Somerville youth worker program)的研究就具有标志性的意义,其以开辟了此类研究的科学严谨性的新天地而闻名于世。这项研究通过在30年内对506名越轨少年(delinquent youth)的跟踪调查,发现这一青少年工作者项目对于未成年人时期或成年后的逮捕率毫无影响。②

在过去50年里,评估研究总是会带来不好的消息。政策制定者所采取的一种应对方法是忽视这些研究。韦斯第一次意识到这个情况,是在她自己发布了一个项目的评估研究结果以后。这一项目是"对贫困宣战运动"(War on Poverty)的一部分,并受资助在纽约市哈莱姆区(Harlem)开展社区服务。等待她研究报告的是鸦雀无声似的沉默。"我感觉就像石沉大海一样,甚至都没有激起一丝涟漪,"韦斯说,"所以我问自己:'如果他们不打算看看评估的结果,为什么要资助这项评估研究呢?'这就是

---

① Weiss, Carol H. 1998. "Have We Learned Anything New about the Use of Evaluation?" *American Journal of Evaluation* 19(1): 21—33.

② Dishion, Thomas J., Joan McCord, and Francois Poulin. 1999. "When Interventions Harm: Peer Groups and Problem Behavior." *American Psychologist* 54(9): 755—764.

为什么我会对评估研究结果的运用感兴趣的原因。"①

韦斯最初认为,有关抵制滥用毒品教育的研究遭遇了她在哈莱姆区研究同样的待遇——无人关注。作为一个真正的科学家,韦斯决定验证她的这一假设。她派出一组研究生去不同的四个州(科罗拉多州、马萨诸塞州、肯塔基州和伊利诺伊州)的 16 个学区,访谈当地的教育工作者、政治家和警察,来评估有关抵制滥用毒品教育的研究在当地产生的影响。② 在 2001 年开展本项评估研究时,所选择的 16 个学区中,8 个正在开展抵制滥用毒品教育,而另外 8 个则没有。

研究小组很快发现,16 个学区的官员们不但没有忽视有关抵制滥用毒品教育的研究所提供的证据,反而很熟悉。"当我们来到目标地点后,我们发现他们确实正在关注,"韦斯谈到。③ 虽然很少有人能够花时间来读完丹尼斯·罗森鲍姆和其他研究者所撰写的长篇幅研究报告,但几乎没有例外的是,他们已经了解或读过其中的一些内容。其中一些警察甚至会把报纸上有关抵制滥用毒品教育的负面报道剪下来,并与研究小组中的访谈人员分享这些内容。因此,他们对于批判抵制滥用毒品教育的大概情况是熟悉的。负面影响也已经产生:就在韦斯的评估研究开始的几年前,其中 6 个学区已经

---

① Graff, Fiona, and Miranda Christou. 2001. "In Evidence Lies Change: The Research of Whiting Professor Carol Weiss." *HGSE News*, September 10. http://www.gse.harvard.edu/news/features/weiss091020 01.html.

② Birkeland, Sarah, Erin Murphy-Graham, and Carol Weiss. 2005. "Good Reasons for Ignoring Good Evaluation: The Case of the Drug Abuse Resistance Education (D. A. R. E.) Program." *Evaluation and Program Planning* 28(3): 247—256.

③ 2008 年 6 月 27 日对卡罗尔·韦斯的访谈。

不再继续进行抵制滥用毒品教育了;在韦斯的研究小组于2003年进行后续跟踪访谈时,另外2个学区也放弃了抵制滥用毒品教育。

在每个终止了抵制滥用毒品教育的地区个案中,负面的研究发现都在其决定终止的过程中发挥了作用。一个例子是伊利诺伊州的加德纳(Gardner)学区,该地区于1998年终止抵制滥用毒品教育。[①] 该地区的健康协调员(health coordinator)读了一篇她的丈夫为其保存下的批评抵制滥用毒品教育的杂志文章后,说服当地的学区放弃了抵制滥用毒品教育,并转而采用另一个毒品预防项目。在肯塔基州的马尔伯勒(Marlboro),城市经理(city manager)和当地的警队队长在读了报纸上的几篇文章后,坚信抵制滥用毒品教育是无效的,并共同决定要终止当地的这一项目。他们还安排肯塔基大学(University of Kentucky)一位反对抵制滥用毒品教育的研究人员到当地的行政委员会(board of commissioners)发表意见,随后行政委员会投票终止了这一项目。在马萨诸塞州的奥查德·格鲁夫(Orchard Grove),一位当地社区的领袖使用负面的评估发现说服城镇管理委员会终止了抵制滥用毒品教育项目,尽管作为抵制滥用毒品教育坚定支持者的校监明确表示反对。[②]

地方社区放弃抵制滥用毒品教育的另一个重要原因是认为联邦政府没有批准这一项目。2002年,联邦教育部发布了一份有关青少年毒品预防的项目目录,入选这一目录的项目符合联邦资助的条件,包括9个"示范"项

---

① 本项研究涉及的学区名称进行了匿名处理。
② Weiss, Carol, Erin Murphy-Graham, and Sarah Birkeland. 2005. "An Alternate Route to Policy Influence: How Evaluations Affect D. A. R. E." *American Journal of Evaluation* 26(1): 12—30.

目和33个"发展中"的项目,抵制滥用毒品教育项目并不在其中。这一目录最初以一个文件的形式发布于1998年,之后则纳入了2002年通过的一部联邦法律,"全美抵制滥用毒品教育"对此提出强烈反对但无功而返。① 虽然这一规定并未明确禁止地方各个学区开展抵制滥用毒品教育,但实践中很多官员则做出了禁止的解读并予以执行。例如,在科罗拉多州的卡特斯维尔(Cartersville),在当地已经开展了10年的抵制滥用毒品教育项目很受欢迎(负责抵制滥用毒品教育的警官在当地未成年人中是个名人),学校的官员们不情愿地结束了这一项目,因为他们相信联邦政府已经做出了决定,他们并没有选择的权利。②

这些例子显示,抵制滥用毒品教育项目在与研究者的论战中并未能全身而退。负面的研究结果明显影响了项目的声誉。但仍然有一个问题未得到解决:为什么在韦斯的研究中仍然发现,即使面对研究所给出的证据和可以推断而出的联邦政府对于这一项目的批评态度,一些地方仍然愿意继续进行抵制滥用毒品教育呢?

韦斯和她的研究小组的发现令人诧异。诚然,有些地方是因为抵制滥用毒品教育项目的努力游说而继续,但并非所有地方都如此。很多地方的决策者决定保留抵制滥用毒品教育的理由相对复杂,远非轻率地忽视或者将研究的发现置之脑后所可以解释的。经常被提到的一

---

① Weiss, Carol, Erin Murphy-Graham, and Sarah Birkeland. 2005. "An Alternate Route to Policy Influence: How Evaluations Affect D. A. R. E." *American Journal of Evaluation* 26(1): 12—30.

② Birkeland, Sarah, Erin Murphy-Graham, and Carol Weiss. 2005. "Good Reasons for Ignoring Good Evaluation: The Case of the Drug Abuse Resistance Education (D. A. R. E.) Program." *Evaluation and Program Planning* 28(3): 247—256.

个理由是,对于抵制滥用毒品教育在打击非法使用毒品方面能发挥什么样的作用,地方官员们的态度很现实,并未抱有过高的期望。例如,马萨诸塞州一位学校董事会成员告诉访员,她认为仅仅依靠抵制滥用毒品教育,就希望能够以此降低青少年的毒品使用率是个"愚蠢"的想法。这种观点使一些地方官员既反对抵制滥用毒品教育项目的发言人所提出的一些不切实际的观点,也反对批评者所提出的那些最严厉的批判。

地方官员认为,研究者错误地把关注的焦点几乎完全集中在项目的官方目标——减少毒品使用上。相反,他们提到了一系列相对次要,但却支持这一项目的理由,首先是这一项目在警察、学生和教育工作者之间培育了积极的关系。正如马萨诸塞州的一位校监所说的:"如果你问的是,抵制滥用毒品教育项目是否减少了毒品和酒的非法使用,那么很明显因为种种原因,这一项目显示不出这样的效果。但如果你问的是,是否帮助孩子们更好地理解社区,或者是否在警察和孩子之间培养了良好的关系,那么这些调查的结果都是积极的。"[1]肯塔基州的一位警察曾经帮助一个学生改善困难的家庭状况,他认为他与学生之间的互动几乎不可能被研究者所关注到。"这不是一种你们能够放到柱状图、饼状图或类似图表里的东西,"这位警察说。[2]

关于抵制滥用毒品教育所产生的附带收益,韦斯的

---

[1] Birkeland, Sarah, Erin Murphy-Graham, and Carol Weiss. 2005. "Good Reasons for Ignoring Good Evaluation: The Case of the Drug Abuse Resistance Education (D. A. R. E.) Program." *Evaluation and Program Planning* 28(3): 247—256, p. 252.

[2] Id.

研究小组发现了一些实例。例如,在科罗拉多州,当科伦拜恩中学(Columbine High School)枪击案发生后,负责附近另一所高中抵制滥用毒品教育的警官帮助学生们消除了不安情绪,使他们感到重新回到学校是安全的。这些附带收益看上去还是双向的:很多接受访谈的警察都表示,参与抵制滥用毒品教育帮助他们改善了对于青少年的认识,因为他们有机会在一种非对抗的情景下与青少年互动。和弗兰克·克拉瑞克一样,许多警察同样很享受他们在这一项目中的工作,因此项目在警察对工作的满意度方面也有积极的影响。同样,警察局局长们还高度评价了抵制滥用毒品教育项目所培育出来的警方与学校官员之间的关系。"最重要的收益和副产品之一,就是我们现在和教育部门之间的关系,"马萨诸塞州的一位警察局局长说,"这种关系不能更好了……真的不能更好了。如果现在我需要什么,我只要给教育部门的人打电话就行。"①

在弗兰克·克拉瑞克开展抵制滥用毒品教育的沃姆佩斯小学,校长芭芭拉·托皮奥尔的看法与韦斯和她的研究生所观察到的情况相似。"我知道,抵制滥用毒品教育项目在是否真的能防止孩子们吸毒方面口碑不好,"她说,"我不确定研究人员是不是问了正确的问题。我们学校的学生与弗兰克之间的互动有很多积极的效果,我不知道你们如何去测量这些积极的效果。"②

---

① Birkeland, Sarah, Erin Murphy-Graham, and Carol Weiss. 2005. "Good Reasons for Ignoring Good Evaluation: The Case of the Drug Abuse Resistance Education (D. A. R. E.) Program." *Evaluation and Program Planning* 28(3): 247—256, p.252.

② 2008 年 10 月 8 日对芭芭拉·托皮奥尔的访谈。

在很多地区，相对于学术研究的发现，学校的管理者们最后都更为重视他们个人参与抵制滥用毒品教育项目的经历。很多访谈对象告诉韦斯的研究小组，他们相信，他们那里的抵制滥用毒品教育项目要比其他地方开展得更好，因而是研究所发现的那些结论与规律的例外。一种可能性是，这些地方学校官员们的感受只是一种被称为"乌比冈湖效应"(Lake Wobegon effect)的心理倾向的表现。"乌比冈湖效应"的名称来自加里森·凯勒(Garrison Keillor)的讽刺性观察，在他虚构的家乡，"女人都很强，男人都长得不错，小孩都在平均水平之上"。* 但是，正如研究者经常指出的，虽然高质量的评估研究可以帮助提供一个项目在一般情况下是否有效的概率，但即使这个项目在一般情况下是无效的，也不能排除该项目的一个特定版本有效的可能性。"我必须说，当我在研究中听到那么多人说'我们这里与别的地方不一样'时，我真的有一点丧失信心，"参与这项研究的韦斯的研究生萨拉·伯克兰(Sarah Birkeland)说，"概括化是我们这些研究人员认为理所当然的事情，但我发现对这个问题我并没有思考得那么深入。"①

很多抵制滥用毒品教育的支持者都指出，个人的经历使他们确信这个项目的价值。正如明尼苏达州议员凯瑟琳·瓦伦加(Kathleen Vellenga)所说的：

---

　　* 加里森·凯勒在美国公共广播电台主持一档节目，内容是由主持人报道一周以来他的故乡乌比冈湖发生了哪些有趣的事。乌比冈湖是一个虚构的、美国中部小镇，镇上的人自我感觉良好（即正文所说的"女人都很强……"），但镇上各种可笑的事情层出不穷，因此镇上的人其实不是特别聪明，即都高估了自己。社会心理学借用这一名称来指代人的一种总觉得自己什么都高出平均水平的心理倾向，也称为自我拉抬偏差（self-enhancing bias）。——译者注

　① 2008年7月1日对萨拉·伯克兰的访谈。

当我被邀请在一所小学的抵制滥用毒品教育毕业仪式上致辞时，我就成了抵制滥用毒品教育的粉丝。当时房间里坐满了家长。校长告诉我，这是第一次有那么多家长聚到学校里。很多孩子都是从很贫困的地方坐公交车，来这个经济稳定社区的学校上学的。当我开车回办公室时，在大概离学校半英里的地方，我认出了一位学生的父亲，他正顶着烈日向公共汽车站走去，然后再坐车回到他家所在的社区。随着我不断地参加抵制滥用毒品教育的活动，我发现这是一个促使家长来到孩子学校的很好方式。这是个不小的成就。最后，我决定继续支持这个项目，并不是因为它被证明能减少滥用毒品，而是因为它有其他的益处。

韦斯写道，套用一种说法，面对负面的研究结果，那些仍然决定继续开展抵制滥用毒品教育地区的选择，是"理性与合理化"（rationality and rationalization）的综合结果。她和其他合著者在他们那篇名字非常好的文章——《忽视高质量评估研究的充分理由》（"Good Reasons for Ignoring Good Evaluation"）——中总结认为，地方的官员们远非"全美抵制滥用毒品教育"宣传机器操控下的无知卒子。"他们决定继续抵制滥用毒品教育，"他们写道，"是建立在对利弊评估权衡的基础上的，而不是简单的忽视。"①

---

① Birkeland, Sarah, Erin Murphy-Graham, and Carol Weiss. 2005. "Good Reasons for Ignoring Good Evaluation: The Case of the Drug Abuse Resistance Education (D. A. R. E.) Program." *Evaluation and Program Planning* 28(3): 247—256, p. 254.

决定有效或无效

如果世界是这个样子,将会令人欣慰:项目的失败清晰可辨并被客观的学者果断地认定,无效的项目也会因此被终止。如果有超过 30 项高质量的研究都一致发现抵制滥用毒品教育对于青少年使用毒品没有长期的效果,那么按照丹尼斯·罗森鲍姆的说法,对抵制滥用毒品教育项目"说不"是一种适当的应对措施吗?

韦斯的研究指出,抵制滥用毒品教育项目的故事要比表面看上去更为复杂。各个地方的决策者并没有忽视研究的发现,而是在权衡利弊之后决定是否继续这一项目。在很多地方,结果是抵制滥用毒品教育项目被终止。在继续这一项目的地区,继续的决定有时是受政治因素驱动的,但并非总是如此。许多教育工作者和民选官员最终看重的,是抵制滥用毒品教育项目的附带收益,例如改善了社区与警察的关系。这些附带的、很难进行测量的定性收益,是最有可能解释为什么全国 75% 的学区仍然保留抵制滥用毒品教育项目的原因。

有关抵制滥用毒品教育项目研究的影响有限并不奇怪,这符合我们所观察到的在过去 30 年里运用的、被称为"知识利用"(knowledge utilization)研究的基本模式。正如韦斯和其他研究者所展示的,评估研究很少会对政策制定者产生直接的影响。虽然评估研究有时能帮助挑战传统的固化认识,但更多的则是用于验证预先形成的认识和决定的正确性。"如果实践工作者赞成采取一些创新项目,但他们同时又发现了一个没有显示积极效果的评估,他们倾向于忽视这个评估结果或者寻找解释的理由,"韦斯说,"在另一方面,如果他们反对这个项目或者政策,而评估研究显示其并不有效,他们就倾向于支持这一发现。"①

基本上并没有什么单一客观的标准来决定一个项目是否有效。这一点似乎在抵制滥用毒品教育项目上表现得尤为正确。虽然丹尼斯·罗森鲍姆注意到不同地区提出的一些保留抵制滥用毒品教育的理由,但他断然否定了这些理由,因为"全美抵制滥用毒品教育"只致力于实现单一的目标。"虽然我很感谢这些'不同的声音',"罗森鲍姆写道,"但我必须补充一点,抵制滥用毒品教育的卖点是毒品预防方面的效果,而不是为了其他可能产生的结果。"②

当然,学者们对于抵制滥用毒品教育项目的批评在这个领域内也有着巨大的贡献,促使"全美抵制滥用毒品教育"改进了他们的课程,并在有关青少年毒品预防的讨论中注入了适当"剂量"的怀疑主义。然而,无论是"全美抵制滥用毒品教育"还是罗森鲍姆这样的批评者,他们都没有排他性的权力来设定一个标准,来评判诸如抵制滥用毒品教育这样的项目是否符合这一标准。抵制滥用毒品教育的故事展示给我们的是,在刑事司法政策所有重要的利益相关方——学者、刑事司法官员、公众、新闻媒体和政治家——之间维持一种动态的平衡是多么重要。如果只听那些希望终结抵制滥用毒品教育项目的研究人员的观点,我们将错失这一项目提供给当地社区的大量

---

① 2008年6月27日对卡罗尔·韦斯的访谈。
② Rosenbaum, Dennis P. 2007. "Just Say No to D. A. R. E." *Criminology & Public Policy* 6(4): 815—824, p.820.

附带收益。当然,如果只听"全美抵制滥用毒品教育"工作人员的观点,我们将会毫不犹豫地复制一个未能实现其首要目标的工作模式。

在过去的10年里,已经有了几十篇有关抵制滥用毒品教育的文章。基本没有例外的是,这些文章都讲述了一个相似的故事:"全美抵制滥用毒品教育"是如何迷惑教育工作者和公众来支持一个失败的项目。[1] 真实的故事是,在如何对待抵制滥用毒品教育的问题上,地方的实践工作者基本上都是正确的。他们能够筛选来自研究者和"全美抵制滥用毒品教育"两方面的主张,并就是否继续抵制滥用毒品教育作出多多少少具有合理性的决断。一般而言,他们传递给抵制滥用毒品教育的信息一分为二地包括了警示和支持。只要抵制滥用毒品教育能够改变操作的方式,他们愿意继续进行下去。

研究的局限性

对于"全美抵制滥用毒品教育"来说,不幸的是,重塑"抵制滥用毒品教育"品牌的努力(前文提到的"这是一个崭新的抵制滥用毒品教育")结果喜忧参半。借助罗伯

---

[1] 参见 Elliot, Jeff. 1995. "Drug Prevention Placebo—How D. A. R. E. Wastes Time, Money, and Police." *Reason* 26:14—21; Gonnerman, Jennifer. 1999. "Truth or D. A. R. E.: The Dubious Drug-Education Program Takes New York." *The Village Voice*, April 7, 1999; Upton, Jodi. 2000. "D. A. R. E.: Failing Our Kids." *The Detroit News*, February 27. 在反对抵制滥用毒品教育的文章中,最声名狼藉的是一篇斯蒂芬·格拉斯(Stephen Glass)所写的文章,后来还发现他还捏造了许多文章。"全美抵制滥用毒品教育"对其提起诉讼,要求赔偿5000万美元,此案最终私了。参见 Glass, Stephen. 1997. "Don't You D. A. R. E." *The New Republic*, March 3.

特·伍德·约翰逊基金会的资助,艾克朗大学的兹利·斯洛博达设计了一个雄心勃勃的新课程,命名为"收回你的生命"(Take Back Your Life),适用的对象是来自底特律、休斯顿、洛杉矶、新奥尔良、纽瓦克(Newark)和圣路易斯等6个城市的9500名七年级和九年级的学生。这一新课程关注的主题数量要少一些,并允许在学生和抵制滥用毒品教育讲师之间开展更多的互动式的交流。①

虽然发布于2002年底的初步研究结果令人鼓舞,但一些斯洛博达无法掌控的事情使她的研究设计变得复杂。卡特里娜飓风带来了双重的打击:很多新奥尔良的学生因此迁往休斯顿,使六个研究地点中的两个都在研究过程中出了问题。② 一个更为要命的问题是,斯洛博达发现她的对比组样本受到了污染。在理想的条件下,对比组不应该接受任何毒品预防的教育,这样才能更好地比较与检验抵制滥用毒品教育的效果。但是,"绝大多数孩子总会在这段期间内接收到一些有关毒品预防的教育,"斯洛博达说,"这对于我们的孩子来说是好事,但对于研究者却是一个巨大的挑战。"③

经过7年的时间和不菲的支出,"全美抵制滥用毒品

---

① Carnavale Associates,"Study Highlights Value of D. A. R. E. Network." Press release.

② 参与这个新课程的学生在他们对待毒品的态度以及拒绝毒品的技巧方面都有了提升,虽然提升的幅度不大但也达到统计显著性的要求。"这告诉我们,这一项目正在实现预期的目标,而且是通过一种非常显著的方式,"斯洛博达告诉美联社(Associated Press)的记者。当然,关键的问题是从长期来看是否能够保持这一效果,或者抵制滥用毒品教育的这些效果是否会像以前的研究所显示的那样随着时间的过去而消散。参见 Associated Press,"Schools D. A. R. E. to Get Real." October 29, 2002.

③ 2008年6月23日对兹利·斯洛博达的访谈。对丹尼斯·罗森鲍姆这样的抵制滥用毒品教育的批评者来说,他们认为这些都不是有效的借口,尤其是考虑到此项研究巨大的样本规模,以及所有针对青少年预防毒品项目的研究都可能面临同样的对比组样本受到污染的挑战。

教育"的官员们对于研究的结果抱持悲观的态度。"我不确定,是否真的有人准备在真实的环境中对一项毒品滥用课程的效果进行严格的检验,"针对斯洛博达所面临的问题,"全美抵制滥用毒品教育"执行主任弗兰克·佩古洛斯说,"兹利发现,大规模的研究是如此复杂,以至于就像它有了自己的生命,而你却无法控制它。"① "全美抵制滥用毒品教育"的官员们承认,斯洛博达这项工作的一个主要目标并没有实现,即把抵制滥用毒品教育关注的目标转移至中学里年龄稍长的学生,因为这些学生滥用毒品可能性更大——绝大多数的抵制滥用毒品教育讲师仍然在小学层面开展工作。

抵制滥用毒品教育的故事充分展示了研究的价值和局限性两个方面。即使是高质量并且获得充分资助的研究也无法提供简单的答案。研究很少会提供简单的非黑即白的评价结果。对于很多决策者来说,他们只是希望获得这个问题的答案:某一个项目是否有效。当然,现实通常要更复杂些。很多项目**在特定时间**对**某些**参与者来说是有效的。事实上,韦斯相信,最好的研究者应该是就决策者所面临的问题和可供选择的应对策略提供启发,而不是直接做出决定。"评估不能取代判断,"韦斯说。②

虽然有关抵制滥用毒品教育的争论基本已经尘埃落定,但这一争论所暴露出来的研究人员与实务人员之间的鸿沟仍在今天延续。在这两个群体之间存在一定程度上的冲突可能是无法避免的。社会科学家和刑事司法官员有着迥然不同的价值体系和世界观——他们之间的差异常常是由职业训练、所处的位置、职业奖励甚至是使用

---

① 2008年6月26日对弗兰克·佩古洛斯的访谈。
② 2008年6月27日对卡罗尔·韦斯的访谈。

的词汇所决定的。①

尽管困难重重,刑事司法研究人员和实务人员仍然发现他们有一种互相依赖的共生关系。许多实务人员非常迫切地希望能够对刑事司法采用一种更具反思性的完善路径,而这种路径能够使用定量和定性的数据来发现问题并评估解决的方案。同样,研究人员也渴望他们的研究成果能够被更为认真地对待,并能对决策产生更为广泛的影响。

抵制滥用毒品教育的故事在研究与实务的分立方面提供了一些重要的经验教训,包括实施严格的实验研究所面临的挑战、如何评价一个多层面项目的所有潜在影响,以及如何在研究者和被评估项目的管理人员之间创造真诚且礼貌的交流渠道。

最后谈到的一个教训可能是最为重要的。项目管理者和研究人员之间的冲突白热化,很大程度上是因为涉及参与者的切身利益:抵制滥用毒品教育项目觉得这是有关生死存亡的战斗,而研究人员也觉得他们是在为"研究"这一职业的操守而战。② 但根本没有必要这样。如果这个国家刑事司法政策的决策文化有所改变的话,抵制滥用毒品教育故事的火药味可能会淡很多。那么,能不能创造一种既重视结果,又重视对整个过程进行反思的文化呢?这种决策文化能不能在支持开展研究的同时又了解研究所具有的局限性?能不能在为实务人员设定较

---

① Fox, Aubrey, ed. 2004. "Bridging the Gap: Researchers, Practitioners, and the Future of Drug Courts." Edited transcript of roundtable discussion. New York: Center for Court Innovation. http://www.courtinnovation.org/_uploads/documents/bridgingthegap.pdf.

② Rosenbaum, Dennis P. 2007. "Just Say No to D. A. R. E." *Criminology & Public Policy* 6(4): 815—824.

高期望的同时又承认他们致力于解决的许多问题本质上是很难解决的？能不能理解根本不可能有不存在错误的试点？

基本上，抵制滥用毒品教育项目的未来取决于几百个在地方层面上作出的互相独立的决定。这些决定将如何做出取决于一系列因素，包括研究结果、当地的政治因素、关键决策者的个人喜好以及越来越重要的财政因素。对于那些希望在经济衰退过程中削减预算的州政府和警察局来说，抵制滥用毒品教育可能成为削减预算的目标而不再继续。例如，纽约州在2008年取消了对抵制滥用毒品教育的资助，包括用于警察培训、制作练习簿和聘请一位专职的州抵制滥用毒品教育协调员的15万美元。① 而曾经有过100名开展抵制滥用毒品教育警察的纽约市，也将不再开展这一项目。

对于弗兰克·克拉瑞克来说，他相信抵制滥用毒品教育所受到的负面关注已经产生了巨大的影响。"在很多方面，抵制滥用毒品教育这一品牌已经蒙上了污点，"他说。2008年，在"全美抵制滥用毒品教育"的要求下，克拉瑞克在自愿的前提下同意担任纽约州抵制滥用毒品教育协调员，但他表示还不确定的是，每一年度为期两周的新任抵制滥用毒品教育讲师培训课程的"钱从哪里来"。②

然而，围绕抵制滥用毒品教育项目的也不全是坏消息。多年来，有关警察作为抵制滥用毒品教育的讲师是否合适也有激烈的争论，尤其是在低收入社区长期以来警察与民众的关系都很糟糕的情况下。但是，斯洛博达

---

① *Daily Messenger*, "State Drops Funding for D. A. R. E. Program." June 17, 2008.
② 2008年10月15日对弗兰克·克拉瑞克的访谈。

和她的同事们在她研究的目标城市里对超过6000名学生进行了问卷调查，她发现学生们对于警察担任讲师的评价要高于其他类型的讲师。①

对于沃姆珀斯小学的学生、老师和管理人员来说，这一发现并不令人惊讶。克拉瑞克同样不会惊讶。"我所认识的最棒的警察中有一些就是参与抵制滥用毒品教育的警察，"克拉瑞克说。然而，奋战在抵制滥用毒品教育一线12年后，克拉瑞克明白，总有一些人是绝不可能被抵制滥用毒品教育的效果所说服的。"我学到了一点，"克拉瑞克说，"那就是你所处的位置决定了你能看到的东西。"②

---

① 参见 Hammond, Augustine, Zili Sloboda, Peggy Tonkin, Richard Stephens, Brent Teasdale, Scott F. Grey, and Joseph Williams. 2008. "Do Adolescents Perceive Police Officers as Credible Instructors of Substance Abuse Prevention Programs?" *Health Education Research* 23(4): 682—696. 此外，"全美抵制滥用毒品教育"近年来也一直致力于反思其在预防毒品滥用方面的操作方法。2007年，"全美抵制滥用毒品教育"与宾夕法尼亚州立大学(Pennsylvania State University)达成协议，将采用"保持真实"(keepin' it REAL)作为其新的中学课程。这一课程被列入毒品滥用与精神健康服务管理局的循证项目与实践的全国注册系统。

② 2008年10月15日对弗兰克·克拉瑞克的访谈。

结论

2004年,新闻记者迈克尔·刘易斯(Michael Lewis)写了一本有关"探索在棒球场上取得成功的秘诀"的书。① 这本名为《点球成金》的书讲述了奥克兰运动家棒球队(Oakland Athletics)总经理比利·比恩(Billy Beane)的故事。* 比利·比恩管理的球队所能获得的资金支持有限,却通过发掘被低估的棒球运动员的潜能,击败更多资金充足的对手,写下了令人啧啧称奇的记录。

当刘易斯写作《点球成金》这本书时,奥克兰运动家棒球队正处于一个长

---

① Lewis, Michael. 2004. *Moneyball: The Art of Winning an Unfair Game*. New York: W. W. Norton & Company.

* 根据此书改编的电影《点球成金》(*Moneyball*)于2011年上映。此处采用了电影名字的译法。——译者注

达8年的全盛期之中,在这8年中的每一个赛季他们都取得了成功。在此期间,他们五次闯入季后赛。从1999年到2005年,奥克兰运动家棒球队平均每年赢下了94场比赛,而年平均工资总额仅为4200万美元。与之形成鲜明对比的是,同一时代最为成功也最财大气粗的纽约洋基棒球队(New York Yankees),每年的平均获胜场次仅比奥克兰运动家棒球队多三场,但平均每一赛季支出的工资总额却达到了9800万美元。

正如《点球成金》所展示出来的细节,奥克兰运动家棒球队之所以能够创造辉煌的纪录,原因在于其采用了一些非同寻常的方法,包括通过数据分析来支持传统的物色棒球运动员的方法。很大程度上依靠本书的成功,比利·比恩被盛赞为眼力过人。他收获了不计其数的荣誉,并被评为那一年度的最佳棒球经理人。很多渴望用最少的投入获得最好成绩的队伍也争相效仿他在评估运动员的潜能和才华方面的方法。他成为广受欢迎的演讲者,不仅仅在运动领域,还包括在商业会议上。他甚至还在《纽约时报》上,与纽特·金里奇(Newt Gingrich)和约翰·克里(John Kerry)一起写了一篇专栏文章,探讨如何运用他这种以数据分析为驱动的方法来解决卫生保健方面的危机。

如果比利·比恩在2006年后就不再继续担任球队的总经理,那他职业生涯的轨迹就不会走弯路:不被人看好却获得了成功,收获很多荣誉并告诉别人如何来复制他的成功。

但比利·比恩并没有在2006年告别棒球。之后的数年里,他的声誉受到了很大的影响。奥克兰运动家棒球队跌下神坛,度过了连续三个失败的赛季。同样,在

《点球成金》一书中用了一整章来细致描写的比恩在 2002 赛季的业余球员选秀(amateur draft)中挑选球员的记录,也不再那么熠熠生辉了。在书中,奥克兰运动家棒球队对于他们的选择欣喜若狂,因为他们所选择的球员中包括了"全国最好的三个右手投手(right-handed pitchers)中的两个和最好的四个防守位置球员(position players)中的两个"。① 可惜的是,这些球员中没有一个人成为球星,而且好几个已经离开了棒球运动。

这里讨论的重点并不是要贬低比利·比恩——从各方面来看,他作为经理人的记录很强悍。但比利·比恩的故事却恰好展示了本书所谈到的非常重要的一方面经验教训:所有声称自己已经掌握了成功秘诀的人都应当被充分地质疑。实现艰巨的目标并没有什么捷径。这一点在棒球领域如此,在商业领域如此,在刑事司法领域更是如此。

没有人能够精确地说明为什么犯罪率会上升或下降。自 20 世纪 90 年代初期以来,纽约市的犯罪率开始下降,这被认为是之前那个时代中刑事司法领域最重要的事件,虽然这一点仍有争议。鉴于其重要性,有人会认为,肯定会有一项关于纽约市发生了什么以及为什么的明确分析。为了如何能最好地解释纽约"奇迹",学者们已经争论多年,但是目前尚无解决这一问题的迹象。②

我们希望能告诉你如何减少犯罪。我们也希望我们能知道如何确保刑事司法改革的努力能够获得成功。但我们做不到。对于那些想要寻找简单的解决方法或者斯

---

① Lewis, Michael. 2004. *Moneyball: The Art of Winning an Unfair Game*. New York: W. W. Norton & Company, p. 115.

② Kelling, George L. 2009. "How New York Became Safe: The Full Story." *City Journal* 19 (special issue): 93—98.

文加利式的人物*以追随之的读者来说,本书毫无疑问地会令他们失望。

本书非但没有描写哪些做法是有效的,相反,在前面的六章中,我们一直在探讨可能致使刑事司法改革出错的各种不同方式。刑事司法体系毫无疑问是建立在失败的基础之上的。整个刑事司法体系的设计,就是为了能在出现错误的时候或者有人触犯法律的时候采取应对的措施。但本书讨论的失败并不是这种违法犯罪方面的"失败"。同样,本书也不是对刑事司法系统结构性缺陷的批判。可能除了我们的卫生保健基础设施之外,就没有什么公共机构会比刑事司法系统更容易被贴上"一无是处"的标签了。批评来自各个方面。无论是从种族方面(少数族群未被有效代表),从经济效益方面(监禁的成本过高),从公平方面(缺乏控辩双方平等对抗的环境),还是从道德方面(继续保留适用死刑),抑或是从单纯的是否有效方面(重新犯罪率高),都可以认为整个刑事司法机器——从警察的侦查到起诉到审判再到监禁直至释放——就是一种失败。

我们并不探讨这一问题。相反,本书所希望审视的是那些我们称之为"有前途的失败"(promising failures)——那些试图改善刑事司法体系但却未能达致完全成功的努力。事实上,在刑事司法领域,唯一可能获得的成功只能是一种"及格"程度上的成功;即使是最好的、实施最佳的创新措施也无法创造出一个杜绝犯罪的社区。在写作这本书的过程中,我们发现了成功之中的失败:例

---

* 斯文加利(Svengali)是英国小说家乔治·杜·莫里耶(George Du Maurier)的代表作《软帽子》(*Trilby*)中的人物,是一位阴险的音乐家,在他催眠般的影响和摆布下,最后将一位模特变成著名的歌手,斯文加利因此成为可将他人引向成功的具有神秘邪恶力量的人的代名词。——译者注

如,试图复制诸如毒品法庭和停火行动这样的成功模型的努力并未获得持久的效果。我们同样也发现了失败所蕴含的成功因素:例如,抵制滥用毒品教育项目虽然被研究者视为失败,但却在其发展过程中在其他方面取得了一些重大的胜利。

在之前的章节中,我们已经讲述了广泛职业群体里坚定的改革者们的故事,这其中包括法官、警察、律师、假释官、研究人员、教育工作者以及政治家。尽管他们才华横溢、雄心勃勃,但都未能实现他们的改革目标。通过对他们以及我们自己的经验教训的观察,我们找出了改革者重复陷入的许多失败陷阱。接下来要谈到的是,在过去25年里改革者们最常见的错误的一部分,同时也附有一些未来如何解决这些问题的思考。

错误一:未能进行自我反思。巴拉克·奥巴马总统在谈到教育改革时说:"我们想要避免这么一种观念:一部法律、一个项目就能犹如魔法般改变很多事情。接下来发生了什么事情呢?人们逐渐感到失望并放弃之,转而尝试另一个新的事物。"①对于耕耘在刑事司法领域的人来说,这种情况同样俯拾皆是。刑事司法同样不能免俗于"追求时尚"。如同体育界、学术界、商业界和艺术界,犯罪学家也总是在寻找着"明日之星"。使"追求时尚"的趋势得以滋生的因素之一就是,在时常充斥着大男子主义、任务必须完成和准军事化的刑事司法世界中,自我反思并不总是被置于重要的地位。在我们讨论圣路易斯市"同意搜查"项目时所列出的四种失败中,未能进行自我反思可能是其中最难以补救的一种。在改革者开展

---

① *The Washington Post*,"President Obama Discusses New 'Race to the Top' Program." July 23, 2009.

有意义的自我反思的道路上会遭遇不胜枚举的障碍,包括对于研究者所采取的研究方法感到不适或不熟悉,还有为了保护新想法免受外部攻击而与生俱来的喜欢夸大成绩的倾向。

经验教训:刑事司法官员应当不停地问自己什么是有效的,什么是无效的,以及为什么。 不仅对于改革措施来说,同样包括整个刑事司法领域,自我检查对于长期健康发展都极为重要。可惜的是,正如我们在探讨加利福尼亚州假释制度改革那一章中所看到的,当经费紧张时,对于政府机构来说,放弃研究与发展部门这样的"奢侈品"具有巨大的诱惑。事实上,刑事司法官员采取与之相反的措施才是明智的,应当增强他们的分析能力,以使他们能更好地在政策制定方面基于强有力的数据提出主张,以及在创新措施出现问题时更好地进行中期的调整。对于研究与分析的持续投入能够帮助降低这样一种可能性:现在适用的创新措施在今后反而成为需要被推翻的固化认识。

错误二:过于狭窄地界定成功。 刑事司法体系的核心目标应该是减少犯罪。但是,与很多政治家想的不一样,这并不是唯一有意义的目标。除了减少犯罪,我们在本书中所描写的项目也努力去实现更为广泛的其他目标,包括解决被告人潜在的问题、改善对于公平的看法、减少监禁的适用、提升公众对于司法的信任以及消除刑事司法机构之间的冲突与低效。不幸的是,测量这些种类的目标是否实现要比测量犯罪率上升抑或下降难得多。

经验教训:减少犯罪只是刑事司法体系所追求的众多结果之一。 刑事司法官员必须积极寻求对民选官员和一般公众进行宣讲的机会,使他们明白刑事司法改革所蕴含的众多目标。只有如此,才能设计出精确的测量刑事司法试点效果的成绩单,来取代目前通行的"成王败寇"的两分法。从某种程度上来说,本书也是推进更为细致入微地理解刑事司法领域创新措施的一种努力。对改革者来说,他们不应该只是问"这个项目有效吗?",而应该提出一组不同的问题:

• 是什么原因使一个项目在一个地方有效而在另一个地方无效?

• 是否有可能从一个不成功的项目中找出一些成功的因素呢?

• 对于一个具体的创新措施来说,是否存在对一部分人比其他人更为有效的情况呢?

对刑事司法开展更为精致的分析能够为这些问题提供答案,这也将帮助刑事司法领域创造出真正有效的干预措施——这些干预措施能够直击他们致力于解决的问题。

错误三:认为更多的研究将带来完全理性的建立在证据基础之上的刑事司法政策。我们国家是否需要更多的刑事司法研究呢?毫无疑问是的。近些年来,联邦财政在刑事司法研究方面投入的减少应该引发全国性的担忧。[①] 能够用强有力的数据记录下创新措施的效果,而不是仅仅依靠感觉良好的个别事件,这对于刑事司法创新

[①] 卡耐基·梅隆大学(Carnegie Mellon University)著名犯罪学家阿尔弗莱德·布鲁姆斯坦(Alfred Blumstein)指出,"国家健康研究所(National Institutes of Health)每年花费 4 亿美元用于牙科方面的研究,而国家司法研究所每年只花费 5000 万美元用于刑事司法研究。"参见 *The New York Times*,"The Real Murder Mystery? It's the Low Crime Rate." August 2, 2009.

者来说是不是很重要？毫无疑问是的。但如果认为仅仅通过资助更多的研究就能产出纯粹理性的、建立在证据基础上的刑事司法政策，那就是错误的。我们在有关停火行动的故事里看到，研究者很难确定波士顿在降低谋杀率方面取得令人瞩目的成功，是否可以归因于停火行动这一创新措施。而在有关抵制滥用毒品教育的故事里，我们则发现，进行评估的研究人员通常都不会把一个多层面创新措施的附带收益考虑在内。虽然研究能告诉我们许多事情，但只有极少数评估研究能向决策者提供其所迫切需要的有关哪些有效哪些无效的简单、明确的判断。

经验教训：评估不能取代判断。 更进一步来说，研究和司法实践之间需要有更好的沟通桥梁。政策制定者和实务操作者必须要成为社会科学研究更棒的消费者。一方面，他们必须要学会区分严谨的评估和粗制滥造的评估。他们还必须理解，研究人员能够提供的最好的东西，不过是一些注意事项以及附有条件的判断。另一方面，研究人员必须更好地来解释各种不同研究方法之间的区别。特别是，他们必须尽力解释各种信息收集方法的价值，这里不仅仅指的是随机分配（社会科学研究的黄金标准），还包括准实验研究（quasi-experimental studies）、过程评估（process evaluations）、焦点小组（focus groups）、社区问卷调查（neighborhood surveys）、结构性访谈（structured interviews）和其他形式的信息收集方法。研究人员必须更愿意冒险去作出一定根据的猜测，即使是面临信息不全面的情况。他们必须承认，虽然研究在决策过程中应当发挥比现在更大的作用，但始终只是形塑刑事司法政策的众多因素之一。最后，正如哈佛大学韦斯教授所言,"评估不能取代判断"。

错误四:对于刑事司法改革的努力寄望过高。在《党派时代的政策与证据》(Policy and Evidence in a Partisan Age)一书的作者保罗·加里·威科夫(Paul Gary Wyckoff)看来:

> 政府的政策一直以来都向公民、政治家甚至是学者过度兜售。保守派与自由派都是如此,具体的方法虽然不同,但都采用让人感到好奇的方法。一次又一次,我们选举产生官员,并天真地认为他们能够采用一些魔法般的方法来解决我们的社会和经济问题。当这些方法无效时,我们会把他们赶下台去,然后选举产生其他官员去采取不同的方法或者从另一个方向采用相同的方法。但是,很多美国人不知道的是,虽然实证研究已经证实,在很多情况下,政府所采用的方法与他们致力于解决的问题之间毫无关联。①

虽然威科夫所描写的是经济、教育和社会政策方面的情况,但同样适用于刑事司法的世界。一般而言,政策制定者和公众需要对刑事司法体系能够实现的目标抱持现实的期待。乔治·梅森大学(George Mason University)教授大卫·威尔逊(David Wilson)观察指出:"大部分刑事司法的干预措施只会在很短的时间里对人产生效果。例如,一个由法院强制执行的家暴干预措施通常情况下只包括28小时的课时。想要在28小时里改变一个人一生所形成的行为习惯,是一项艰巨的任务。"②

---

① Wyckoff, Paul G. 2009. *Policy and Evidence in a Partisan Age: The Great Disconnect*. Washington, DC: Urban Institute Press, pp. 3—4.
② 2008年6月11日对大卫·威尔逊的访谈。

经验教训：我们对刑事司法改革的期待应当适度。考虑到时间和资源的有限性，任何一项能改变犯罪者行为的刑事司法干预措施都值得关注。事实是，卷入刑事司法体系的人一般都问题缠身，包括失业、吸毒成瘾、精神疾病和文化程度低，还有长时间的贫困和毒品滥用。帮助这些人走上正轨和避免犯罪行为不是件轻松的工作。这是很难传达给公众和政治官员的信息。但是，就刑事司法改革进行一场更为开诚布公的谈话就意味着要重新定义对其的期待。"现实的期待很重要，"研究人员韦斯说，"刑事司法项目是艰难、缓慢的工作。很奇怪的是，人们总是对其期望过高。当你为丰田汽车开展一项广告宣传活动时，销售额提升1%或2%就被视为巨大的成功。在进行一项大型的竞选活动时同样如此。可是，为什么在刑事司法体系中差别却那么大呢？对刑事司法改革措施效果的期望为什么如此之高呢？"①

错误五：未能掌控当地的政治因素。在本书第一章中，我们看到，圣路易斯市开展的一项没收枪支的创新措施在初期取得了成功，但却未能制订一个长远的计划，以使该项目在警察局内部能够获得长期的支持。结果是，当新任警察局局长上任后，该项目就被抛弃了。对于新任领导来说，放弃他的前任所支持的理念和创新措施的可能性非常大。刑事司法绝大多数的创新措施都在某一层面上需要政府的支持或认可，因此改革者必须坚持不懈地处理好民选官员和高级官员所面对的政治现实。政府里的领导人所需要的，通常都是简单的解决方法和能迅速取得效果的对策，当然还包括公众的信任。这些都会危及创新措施，甚至可能导致一些仅在政治上具有吸

---

① 2008年6月27日对卡罗尔·韦斯的访谈。

引力的项目（例如矫正训练营项目和枪支回购项目）得以实施，但其效果却缺乏扎实证据的支持。不过，正如本书第五章中康涅狄格州应对柴郡惨案的故事所清晰展示的，政治因素当然也不总是坏事。在很多情况下，政治上的压力是唯一能够克服官僚机构内部墨守成规的力量，也是唯一能够进行动员，以获得对改革广泛支持的力量，更是能够保护深思熟虑的改革方案免遭过早放弃的力量。

经验教训：当你不关心谁将受益于改革措施时，你就很难取得成功。在公共政策领域，什么说了算呢？与商业领域金钱说了算不同，公共政策领域则是公众的认可说了算。人们被新的想法所吸引可能基于各种理由。对一些人来说，动机很理想主义，就是为了让世界变得更美好。但对另一些人来说，动机可能就没那么高尚了——很多人把改革视为扬名立万和职业晋升的途径。虽然追求公众的认可有助于产生改革的动力，但同样也可以成为毁灭性的力量。波士顿停火行动背后的故事，为我们提供了争名夺利是如何破坏一项创新措施的鲜活案例。虽然可能是老生常谈，但改革者应当好好牢记哈里·杜鲁门（Harry Truman）总统的名言——当谁能从中获益并不重要时，你就很难取得很大的成功。弄清楚如何为关键的政治人物提供他们所需要的东西（例如在公共场合得到掌声与喝彩、当地报纸上的一个正面报道或者参与一项全国性的会议）——无论这是否是他们应得的——是改革者需要掌握的一项关键技能。

错误六：在封闭的状况下进行改革设计。在一个日益多样化的世界里，刑事司法机构在封闭的状况下开展工作很难达成有意义的结果。不幸的是，刑事司法体系很少像一个连贯的体系一样开展工作:它更像美国职业篮球联盟(National Basketball Association,NBA)的运行模式,一组独立运营的球队处于永恒的互相争斗的状态之中。考虑到各种各样刑事司法机关之间不同的工作安排与文化之间的冲突,如何让警察、缓刑部门、假释部门、矫正部门、检察机关、法院、辩护律师和审前服务机构(Pretrial Service)都能按照一个想法步调一致呢？这会是一项艰巨的任务。结果是,刑事司法机关都倾向于单打独斗,这使新的创新措施的设计局限于某一机构的小部分内部人员之内。这是一个错误。正如我们在同意搜查项目故事中看到的,如果参与某项创新措施的人员范围太窄,那么当创新措施的发起者不可避免地离任时,项目在寻求支持方面就会举步维艰。

经验教训:应当走向策略性的合作。当然,很多改革者在另一个方向上也误入歧途,他们误以为,如果能够让所有相关人员都参与进来,他们就能够就如何开展具体行动达成共识。在马萨诸塞州最高法院执行主任罗恩·科比特(Ron Corbett)看来,"在我33年的经历中,从未见过有哪项真正的变革是通过让所有人都参与实现的。每当你把另一个大的机构加入到你设计项目的工作中,让所有人同意并协调一致的难度就会以几何倍数增长。结果是,在开始之前你就注定要失败。"[①]最有效的方法通常是在这两个极端之间的某一点。在如何及何时将利益相关方引入方面,改革者需要更具策略性——从长远来说,过于包容和过于封闭都可能导致毁灭性的结果。

[①] Berman, Greg, ed. 2008. "Learning from Failure: A Roundtable on Criminal Justice Innovation." *Journal of Court Innovation* 1(1): 97—121, p.106.

错误七:在执行的具体细节问题上花费的时间不够。 虽然有好的想法很重要,但事实却是,大部分刑事司法试点都是因为别的原因而导致失败的。比有好的想法更困难的是执行所面临的挑战。仅仅确定哪种做法最好并将其推广与传播并不够。执行方面或大或小的问题能够破坏设计最周密的项目,关于这一方面,本书所探讨的案例已经提供了形象的证据。

经验教训:环境很重要。 基本上,并没有什么想法或者项目能够"从货架上取下后"就能够成功地实施,而无需理会当地的具体情况如何。负责爱荷华州锡达拉皮兹市(Cedar Rapids)矫正服务工作的加里·辛兹曼将其称之为"盲目模仿"的问题:

> 我在全国都发现了这个情况,有的地区希望能够复制一个成功的项目,却对如何恰当地执行缺乏深思熟虑。例如,在爱荷华州,我们花了2—3年的时间设计了一套用电脑进行风险评估的工具。许多来自其他州的人希望我们能把这个电脑程序复制到一个光盘里然后寄给他们,但我经常告诉他们,我不愿意这么做。我们的工具反映了很多作为一个矫正机构领导所倾向于作出的决定。这里还有一些州与州之间各有不同的问题,包括治疗资源的可用性、惩罚措施的可用性以及各种项目的实施情况。最后,每个部门都必须设计一套类似但却针对各自用途的"定制"工具。①

在刑事司法创新方面,并没有什么千篇一律的模式。同样的项目在迈阿密(毒品法庭)能够良好运作,但在明

---

① 2008年8月29日对加里·辛兹曼的访谈。

尼阿波利斯和丹佛却只能挣扎求存。同样地致力于减少犯罪的想法在波士顿（停火行动）能够开展，但在洛杉矶却无法存活。应当承认的是，每个地方都是不同的，有数百种不同的通向成功的道路，而不是去寻找简单划一的方法。

错误八：采取自上而下的改革路径。加利福尼亚州假释改革的故事给我们展示了一种紧张关系，这是一种刑事司法改革者常常无可避免地会遇到的紧张关系：为了使项目得以开始，你需要获得政府高层领导的批准，但任何项目最终的成功或失败却取决于一线实务人员在司法实践中的实施——缓刑官、法官、警察以及其他人。采用完全自上而下的改革路径，也就是仅仅从上层出发的变革，可能招致一线实务人员的愤恨甚至彻底的破坏。正如曾在纽约市长艾德·科克（Ed Koch）手下担任纽约市刑事司法协调员的罗伯特·基廷（Robert Keating）总结的："最好的想法最终却失败的原因常常是因为未能获得实际从事这项工作的人的认可。在过去，有一些很棒的想法最终胎死腹中，原因是一线实务人员听到这些想法后说'我们不认为这是个好主意，所以我们不打算这么做'，或者说'我们知道如果我们拖延一下，新的领导来了以后会有一整套新的想法'。"①

经验教训：机构里面底层的人和顶层的人一样重要。如果没有信念，就很难有什么积极的效果——被要求去实施创新措施的人必须在一定程度上相信他们被要求去做的事情是有道理的。然而，对一项你根本未参与构思

---

① Berman, Greg, ed. 2008. "Learning from Failure: A Roundtable on Criminal Justice Innovation." *Journal of Court Innovation* 1(1): 97—121, p. 107.

的改革措施产生信念,那几乎是不可能的。结果是,改革者,尤其是那些非一线实务人员的改革者,必须煞费苦心地向一个机构里所有层级的人去推广他们的想法。他们还必须小心翼翼地为底层工作者留出一些空间,使一线实务人员能够对项目进行一些调整来满足他们自己的需求。值得高兴的是,如果改革者采用了这种行动的路线,他们就会获得可观的回报——推广一个新想法最为有效的方式通常是,在那些直接参与到项目成功实施的人中间树立正面的口碑。

* * *

在写作本书过程中,我们所学到的提纲挈领式的经验教训是,没有什么东西能够确保成功。各种改革的努力,即使是那些已经在其他情境下取得良好效果的努力,成功或失败都一样寻常。而且,刑事司法体系抗拒改革的特性非常明显。很多人说,对于刑事司法体系,无论你如何戳它、拧它或揉它,它都能够回到它最初的样子。①

威廉·戈德曼(William Goldman)写作了许多成功的电影剧本,包括《虎豹小霸王》(*Butch Cassidy and the Sundance Kid*)。他曾经写道:"没有人知道……没有人——现在或曾经——知道哪怕是一丁点会对或不会对票房产生影响的事情。"②在之前更为暗无天日和虚无主义盛行的时候,我们有时会把戈德曼对好莱坞的怀疑主义运用到刑事司法领域,并断言没有人知道任何有关如

---

① Berman, Greg, ed. 2008. "Learning from Failure: A Roundtable on Criminal Justice Innovation." *Journal of Court Innovation* 1(1): 97—121.

② Goldman, William. 1989. *Adventures in the Screen Trade: A Personal View of Hollywood and Screenwriting*. New York: Grand Central Publishing, p. 41.

何减少犯罪的事情。但是,我们写了这本书,因为我们认为事实上是有可能推进刑事司法领域知识的提升,也有可能使刑事司法体系继续变得更为精巧,更为有效。

虽然我们对刑事司法体系内潜在的改革保持谨慎乐观的态度,但我们同样坚信,仅仅依靠对取得成功的创新措施进行宣传是无法促使有价值的改变发生的。经过深思熟虑后,我们决定对失败进行研究,通过分析一系列未能实现预期目标的项目,我们希望能够实现两方面的目标。一方面,我们希望为未来的创新者提供有用的经验教训,帮助他们避免再犯他们的前辈们曾经犯过的错误。同样重要的另一方面是,刑事司法领域存在一种相互指责的习气,当偏离常规而有所创新的人没能达到他们的目标时会遭人耻笑,而我们希望通过推动刑事司法体系摆脱这一习气,来鼓励今后的改革者能够勇于承担风险。

虽然我们的研究未能指出通往改革成功的康庄大道,但我们确切地知道通往失败的必经之路,那就是继续因循守旧地开展工作——使相同的人一次又一次地不断进出刑事司法体系、在监狱上面花费不必要的数百万美元和忍受公众对于司法的日益清晰的认识与指责。我们要把这本书献给那些有勇气、毅力和创造力来承担失败的风险并挑战刑事司法体系现状的人们。

译后记

2011年8月,正在美国维拉司法研究所访学的我第一次见到了这本并不厚重的书。当时的我正"沉溺"于与维拉研究所同仁们讨论各种实验设计在试点中的应用,以及如何更好地评估一项实验或试点的效果。彼时的我对于通过实验或试点来完善刑事司法制度信心满满。讨论过程中也涉及了如何面对经过评估被认为未能达到预设目标——也就是被认为"失败"的司法改革试点——这一有些令人沮丧的问题。在维拉研究所的历史上,也曾经出现过这样的"失败"。① Jim Parsons 先生（现任维拉司法研究所副所长）与我分享了本书第一作者格雷格·伯曼先生所写的一篇有关刑事司法改革创新与失败的评论短文，并告诉我伯曼先生最近刚刚出版了一本很有意思的有关刑事司法改革"失败"的书。我随后按图索骥在维拉研究所的图书资料室里找到了这本书。回国后，我带着美国同行是如何面对失败的刑事司法改革这一问题开始细读本书，很快发现，本书的价值远不止此，以至于当我读完几章之后，就已经暗下了翻译此书的决心。

本书围绕着"失败"（failure）这一关键词而展开。从某种意义上来说，"失败"在任何国家、任何领域都不是一个可以随意提起、勇敢面对和广泛接受的话题。而在社会科学和公共政策领域，由于成功或失败更为抽象以至于难以准确界定以及涉及面广，因而更少有人能够直面之。② 本书选择了六个在美国影响较大的刑事司法改革试点，以改革试点真实情况的铺陈为背景，讨论了一系列尖锐但又极富真实感的与失败有关的问题。例如，哪些是致使刑事司法改革失败的原因？失败如何界定？刑事司法改革的成功与失败真的能够清楚界分吗？如何避免

---

① 维拉司法研究所受美国国家司法研究所资助，并得到纽约州矫正部门和假释部门的支持，于2002—2003年间开展了"绿灯项目"（Project Greenlight）研究，该项目为监狱服刑人员提供的各方面培训服务（例如工作技能培训、如何处理与家人关系方面的培训等）并未如预想的那样帮助他们更好地复归社会，相反，实验组服刑人员较之未提供这些培训服务的对照组服刑人员复归社会的情况更差（例如重新犯罪率更高）。这一情况引发了研究者就这一项目的假设、设计与实施等情况的持续、全面的考察与反思。详见〔美〕詹姆斯·威尔逊、克里斯汀·索祖利娅：《风险、再犯与复归：对"绿灯项目"的再次考察》，程雷、孙皓译，载何挺等编译：《外国刑事司法实证研究》，北京大学出版社2014年版，第169—196页。

② 在我后来与伯曼先生的交流中了解到，本书在美国出版时最初的书名中，"失败"这个词原本是放在主标题中的，后来考虑到过于"扎眼"而被挪到了副标题中。很高兴中文版中这个关键词终于被"复位"了。

刑事司法改革试点重蹈"南橘北枳"的覆辙？在改革试点中，决策者、研究者和操作者各自的角色如何？他们之间应该如何保持良性的互动？如何正确处理创新、试错、评估与失败之间的关系？在我阅读和翻译本书的过程中，当作者所讨论的这些问题通过美国刑事司法改革试点中的背景、人物、事件而逐步勾勒出来时，我总是会自动"同步"到我国已经结束或仍在紧锣密鼓展开的各种司法改革试点。根据我个人的观察和经验，美国的刑事司法改革者所遇到的问题大部分在我国同样存在。更为甚者，中国的改革者似乎对改革试点可能失败这一"基本属性"缺乏认识，或者故意避而不谈。在中国三十余年的司法改革历程中，或全国或地方，或刑事或民事，或综合或专项，或自上而下或自下而上的改革试点不计其数，但好像从未有某一试点被认定为"失败"。即使是那些喧嚣一时后最终归于寂寥无声的试点项目，在其热火朝天时往往充斥着正面的报道，而在其销声匿迹后也鲜见对其成败及相关原因的反思。从这一角度来说，本书对中国读者的首要价值可能在于通过大洋彼岸"血淋淋"的失败经历，来揭示刑事司法改革完全可能基于各种原因归于失败这一不可改变的规律，进而警醒改革者应当清醒地认识司法改革试点的成功与失败，并应当在未能达到预设目标时深入反思，挖掘失败的"剩余价值"以提供给后来的改革者。套用鲁迅先生的话，"真正的勇士敢于直面惨淡的人生"，而真正的改革者则应当敢于直面试点失败的可能性，因为任何领域的试点，想要获得成功，首先必须承认它可能失败。

从实证研究方法的角度，本书也颇值一读。社会科学研究方法一般被分为三个层次：一是方法论，涉及的主要是社会研究过程的逻辑和研究的哲学基础；二是研究方式，指的是研究所采取的具体形式或研究的具体类型；三是具体方法和技术，指的是研究过程中所使用的各种资料收集方法和资料分析方法等。① 本书所探讨的主题涉及如何看待司法改革过程中的创新、试错与失败，对第一层次的方法论展开了颇具新意的探讨。同时，本书的具体研究过程又很好地体现了研究方法第二层次与第三层次的某些具体方面。就我个人的阅读体验而言，本书最初吸引我的是失败这一主题，但在初读后随即被作者独特的视角、生动的叙事、深入的挖掘和呈现问题的方式所吸引，并在读完第三章后恍然大悟：本书研究的内容是实证研究中的试点及其失败，而本身其实也是一项基于研究者个人的直接经验所开展的实证研究——如果一定要给这项研究归类，可以称之为定性研究（qualitative research）和个案研究（case study）。事实上，本书的两位作者历时三年，选择了在失败方面各具特色的六个刑事司法改革试点作为研究的个案，通过大量的文献阅读、定性访谈和二手统计数据的运用，才能够在铺陈事实的基础上呈现出引人深思的问题。定性研究与个案研究"深描"的优势在作者强大的叙事能力和生动语言，以及对美国刑事司法改革整体背景信手拈来的衬托下尽情显露，使人充分感受到这种不依赖大样本和推断统计的研究所具有的独特"力量"。在中国当下刑事司法实证研究过度偏重于定量研究甚至误将实证研究等同于定量研究的背景下，本书完全可能成为倡导刑事司法领域定性研究和个案研究的上佳范例。在研究的具体方法和技术方面，本

---

① 参见风笑天：《社会研究方法》（第四版），中国人民大学出版社2013年版，第7—9页。

书对于个案的选择与深入挖掘、定性访谈对象的选择与访谈所获资料的运用、叙事的具体方式也都值得中国的读者去感受。此外,虽未专门探讨但却贯穿本书始终的有关试点效果的评估研究方法也值得关注,毕竟对于试点而言,未经科学的循证评估不应该对试点进行大范围推广应当是正确对待司法改革试点的另一条基本准则。

本书的第三方面价值可能还在于对美国刑事司法实践的真实呈现。每个国家的法律条文与司法实践都存在着或大或小的差距,所有经过整理的有关刑事司法实践的数字也会抹去涵义丰富的真实情境。本书则以一种更为具象化的方式,描绘了一幅美国刑事司法的现实图景。在本书中,政治家、法官、检察官、警察、缓刑官和犯罪嫌疑人等不再以法律条文中的主语或对象等符号化的身份出现,而是作为形象丰满、面目清晰的具体人物依次粉墨登场,在刑事司法这一"场域"中,基于各自的立场为了解决共同的问题而互相关联着。这种对美国刑事司法实践(包括我们之前不甚了解的美国各州的实践)的真实感受通常无法从阅读理论文献或相关判例中获得,但又对我们理解美国相应的制度变革或思考我国的未来发展具有启发价值。这种真实感除了得益于定性研究与个案研究的独特力量外,很大程度上还源自作者的"内在视角"。两位作者不但是美国刑事司法改革的观察者,还是亲历者和充分参与者,正是他们自身在刑事司法改革中或喜或悲的感受帮助他们能更为真切和深入地看待其他改革者所面对的问题,也使读者能够通过他们的"内在视角"更为近距离地观察美国刑事司法改革的秋毫之末。

作为译者,翻译本书的体验也完全迥异于之前翻译其他的学术文献。一方面,作者生动的语言和吸引人的故事让我恨不得一口气翻译完本书。另一方面,虽然本书没有一般学术著作可能会有的艰涩文字,但作者旁征博引地涉及了很多外国人可能无法意会的美国法律、政治、艺术甚至体育等领域中的"典故"和大量新闻报道中的"隐喻",以及在引用被访谈者原话时大量的美式口语表达,仍然使翻译的过程不时停顿,我不得不时常停下来查询某一"典故"的背景与出处,或者某一单词、词组在特定语境下的含义。对于这些与理解本书内容密切相关的"典故",我希望能通过添加译者注的方式来帮助读者理解。同时,为了不损害原著语言生动、叙事活泼的鲜明特点,我在翻译时也更多地使用了意译的方法,并尽量使中文的表达能同样生动活泼。通过本书的翻译,我更深刻地领会到,真正好的译著并不主要取决于译者的外语能力,而是主要取决于译者的中文能力。希望我的翻译不会让本书中文版的阅读感受打太多的折扣。

本书中文版是国家社会科学基金青年项目"刑事司法改革中的实验研究"(12CFX036)和北京高等学校青年英才计划"刑事司法实证研究方法"(YETP0239)的成果之一,同时也是我计划编、译、著的一系列有关刑事司法实证研究书籍的第二本(第一本编译的《外国刑事司法实证研究》已于 2014 年由北京大学出版社出版)。感谢格雷格·伯曼先生授权翻译本书并耐心、迅速地回答有关翻译和背景方面的问题。他在本书文字中所展现出来的睿智和深邃思考在我于 2015 年 10 月在纽约见到他时得到了充分验证。感谢儿时同窗好友乐意和我的学生王丽,作为本书中文版的前两位读者所提出的宝贵修改意见,她们的意见使我能更好地站在中文表达的立场上审视译文。感谢美国城市研究所出版社和北京大学出版社及孙战营编辑的努力,以及福特基金会的支持,使本书中文版得以问世。

何 挺

2015 年 12 月 8 日

北京空气污染红色预警日

于北师大后主楼

2016 年 9 月 19 日再改

于北师大后主楼